Mude Sua Vida, Mude o Mundo

Mude Sua Vida, Mude o Mundo

Um Guia Espiritual para Viver Agora

Ryuho Okawa

IRH Press do Brasil

Copyright © Ryuho Okawa 2011
Título do original em inglês: *Change Your Life, Change the World –*
A Spiritual Guide to Living Now

Tradução para o português: Luis Reyes Gil
Edição: Wally Constantino
Revisão: Francisco José Couto e Laura Vecchioli
Diagramação: José Rodolfo Arantes
Capa: Maurício Geurgas
Imagem de capa: Getty Images

O material deste livro é composto por uma seleção de várias palestras proferidas ao vivo por Ryuho Okawa.

IRH Press do Brasil Editora Limitada
Rua Domingos de Morais, 1154, 1º andar, sala 101
Vila Mariana, São Paulo – SP – Brasil

Nenhuma parte desta publicação poderá ser reproduzida, copiada, armazenada em sistema digital ou transferida por qualquer meio, eletrônico, mecânico, fotocópia, gravação ou quaisquer outros, sem que haja permissão por escrito emitida pela Happy Science – Ciência da Felicidade do Brasil.

1ª edição
ISBN 978-85-64658-01-1
Impressão: Paym Gráfica e Editora Ltda.

SUMÁRIO

Prefácio 9

Capítulo 1: Abrir a Porta para um Novo Mundo 31
Almas Irmãs e Reencarnação 35
Almas Ligadas por Vínculos Espirituais 38
A Superação do Ódio 44
Perspectiva Material *versus* Perspectiva Espiritual 46
Compensações pela Escolha da Fé 50

Capítulo 2: Vida Eterna e Reencarnação 55
Os Riscos que Você Assumiu em Prol da Vida 57
A Vida É uma Escola 61
Encontrar o Tesouro Escondido nos Desafios 64
Sua Alma É quem Você É 66
Encontrar o Tema da Sua Vida 69

A Vida É uma Série de Lições 71
O Mundo aos Olhos de Deus 72
Superar Seus Limites 75
Você Pode Mudar Seu Destino 79
A Moderação É a Chave do Sucesso 81
Ver a Si Mesmo do Modo Como as Outras Pessoas o Veem 83

Capítulo 3: O Alicerce Espiritual da Vida 85

A Educação da Alma 89
A Verdadeira Distinção entre o Bem e o Mal 96
Viver com Fé 103

Capítulo 4: A Busca da Felicidade 105

Parte 1: A Exploração da Mente Correta 105
Receber a Energia de Deus 108
A Retidão Suprema 111
Parte 2: Os Quatro Caminhos Corretos para a Felicidade 114
O Primeiro Caminho – O Princípio do Amor 115
O Segundo Caminho – O Princípio do Conhecimento 133
O Terceiro Caminho – O Princípio da Autorreflexão 148
O Quarto Caminho – O Princípio do Desenvolvimento 159

Capítulo 5: Criar o Céu na Terra 171

Felicidade Pessoal e Felicidade Coletiva 172
A Felicidade Vem da Iluminação 174

Felicidade Quieta e Felicidade Ativa 177
A Verdade Universal, a Verdade de Deus 181
A Criação de Almas 183
A Missão da Humanidade 192
O Princípio do Progresso – A Aquisição da Verdade
e a Prática do Altruísmo 197
O Princípio da Harmonia – Tolerância e Perdão 200

Capítulo 6: A Hora da Verdade 203

Fé – Acreditar nas Leis de Deus 205
Amor – Tornar-se um Mensageiro de Deus 207
Iluminação – Saber Quem Você É 208
Utopia – Trazer o Céu para a Terra 211

Sobre o Autor 215

Sobre a Happy Science 217

Contatos 220

Outros Livros de Ryuho Okawa 224

PREFÁCIO

Nunca vou esquecer o que me aconteceu naquele memorável 23 de março de 1981.

Era uma tarde linda de início de primavera. O ar estava agradável e as promessas da estação se espalhavam ao meu redor enquanto eu relaxava numa cadeira confortável, simplesmente desfrutando daquele dia. De repente, um calor indescritível subiu das profundezas do meu corpo. Instintivamente, eu sabia que não estava sozinho e que outro ser tentava se comunicar comigo de algum modo. A sensação era tão intensa que olhei em volta na hora, procurando alguma coisa onde pudesse fazer anotações. Minha mão caiu sobre um cartão que estava em cima da mesa.

Nem bem havia pegado o cartão e colocado na minha frente, aconteceu a coisa mais estranha que se possa imaginar. Por vontade própria, sem nenhum esforço consciente da minha parte, minha mão direita pegou um lápis e começou a escrever. A sensação era de que havia outra pessoa controlando minha mão. E aquele espírito então rabiscou as palavras "Boas notícias, Boas notícias", na escrita japonesa. Foi assim que a primeira Divindade Espiritual que entrou em contato comigo anunciou sua presença. Mais tarde, descobri que seu nome é Nikko e que ele era um dos seis principais discípulos do sacerdote Nichiren, do século 13.

A psicografia continuou, e durante talvez uns dez dias todas as mensagens que recebi foram de Nikko. Então, outro ser começou a controlar minha mão e a transmitir mensagens. Era o mestre de Nikko, Nichiren. De início, ele não revelou sua verdadeira identidade e se referia a si mesmo pelo nome de um de seus discípulos. Mas não demorei muito para ser capaz de discernir que o espírito era o próprio Nichiren.

Fiquei imaginando por que Nichiren viera até mim. Pensei que talvez em alguma vida passada eu tivesse sido discípulo de sua seita budista. Depois de algum tempo me comunicando com ele descobri que meu pai, Saburo Yoshikawa, havia sido em uma de suas encarnações passadas um dos discípulos favoritos de Nichiren. Foi essa a conexão que o levou até mim.

Com o tempo, Nichiren passou a fazer contato comigo todos os dias. Nos estágios iniciais, nossas comunicações eram conduzidas quase inteiramente por meio de psicografia. Minha mão, sem nenhum controle da minha vontade, passava a escrever frases e ficava assim algum tempo. As comunicações de Nichiren começaram no final de março de 1981 e continuaram até o início de julho daquele ano.

Nessa época comecei a imaginar se haveria alguma outra forma de me comunicar com Nichiren. Às vezes passavam pela minha mente ideias repentinas e inesperadas, e eu ouvia vozes silenciosas falando lá do fundo do meu eu, então me ocorreu que Nichiren e eu poderíamos ser capazes de nos comunicar verbalmente.

Os espíritos que haviam se comunicado comigo pela psicografia agora começavam a se utilizar das minhas próprias cordas vocais. Em vez de simplesmente receber mensagens escritas, eu era capaz de ter discussões orais com os espíritos. Qualquer um que visse a cena acharia muito estranho, pois eu parecia estar falando sozinho.

A importância das minhas experiências durante a memorável primeira metade de 1981 foi que elas me permitiram, aos poucos, compreender o mundo espiritual à nossa volta. Na época em que comecei a receber mensagens, achava que já tinha uma boa compreensão do que nos espera após a morte, na outra vida. Mas quando minhas habilidades mais profundas vieram à tona, quando consegui transmitir as palavras de entidades espirituais por meio da fala, isso me obrigou a dar uma guinada radical na minha vida e no meu entendimento.

Talvez você se pergunte se eu tive algum treino especial que me permitiu usar a psicografia e a comunicação direta, verbal, que veio a seguir, mas a verdade é que tudo aconteceu de modo muito natural. Não precisei passar anos meditando debaixo de uma cachoeira ou em algum retiro na solidão das montanhas. Nem viver décadas numa caverna ou desenvolver alguma técnica específica ou uma meditação especial, nem práticas esotéricas complexas. No meu caso, só precisei olhar bem no fundo da minha mente e tentar corrigir os pensamentos errados que estavam lá.

Tinha 24 anos de idade na época e estava repassando o que havia sido minha vida até aquele momento. Ao fazer a retrospectiva, percebi que já havia cometido muitos erros. Examinei esses erros com atenção e me arrependi das situações em que havia pensado ou agido mal. Ao fazer isso, estava me preparando para abrir a janela da minha alma.

Embora fosse ainda bem jovem, já era capaz de perceber com clareza onde havia errado. Vi que em muitas ocasiões havia pensado apenas em mim e acreditado que era a única pessoa que importava. Conseguir sucesso, o respeito dos outros, um status social mais alto e a aprovação do mundo, estas haviam sido as únicas motivações reais da minha vida. Fiquei profundamente envergonhado com a maneira como havia vivido até então.

Conforme levei adiante esse processo de purificar e refinar meu coração, alcancei o próximo estágio necessário, embora sem perceber que era isso o que estava realmente fazendo. Uma forte determinação de dedicar minha vida aos outros saltou das profundezas do meu ser e se tornou meu estado mental predominante.

Prefácio

Quando avaliei em que medida me colocara à disposição dos outros ou o quanto me dedicara de modo não egoísta a ajudar as demais pessoas, ficou óbvio que eu não podia continuar a viver do jeito como vinha fazendo. O processo pelo qual passei foi tão absoluto e avassalador que, em certo sentido, com apenas 24 anos de idade, experimentei minha primeira morte. E *foi* de fato uma morte, porque enterrei o falso "eu" que havia adotado até então.

Embora o resultado dessa mudança no modo de pensar tivesse me deixado com um forte desejo de trabalhar em prol da humanidade, eu não fazia a menor ideia de como proceder, pois era jovem e me faltava experiência de vida que me conduzisse aos passos concretos necessários para cumprir aquele desejo. Não queria me comprometer apenas com pequenos atos de bondade porque, por mais importantes que eles sejam, não senti que fosse essa minha verdadeira missão. Sabia que precisava achar um jeito de aproveitar ao máximo meus talentos e colocá-los em benefício dos outros. Mas a questão mais premente era "como?". Assim, a revisão que fiz da minha vida e a subsequente determinação de expressar minha gratidão, dando aos outros de volta aquilo que me fora dado, acabaram representando uma grande virada na minha vida.

Nichiren começou então a falar comigo. Ainda não passava pela minha mente a ideia de publicar livros ou transmitir as palavras de Nichiren aos outros, pois as mensagens que recebia pareciam dirigidas especificamente a mim. Tinham uma natureza mais pessoal, não coletiva. Minhas conversas com ele ocorriam em diversas ocasiões e lugares, por exemplo, no trem, na ida ou na volta do trabalho, ou no meu intervalo de almoço.

Quando Nichiren entrava em contato comigo durante minhas viagens de trem ou em algum outro lugar público inconveniente, eu não podia responder em voz alta, então geralmente escrevia a resposta usando o dedo como se fosse uma caneta. Essa forma de psicografia, sem necessidade de caneta e papel, funcionou bem e me permitiu ter todo tipo de conversa com ele, onde quer que eu estivesse.

Uma das frases que eu lembrava com maior clareza das minhas primeiras conversas com Nichiren era "ame, nutra e perdoe os outros". Isso era parte da sua resposta, dada na forma de psicografia, quando eu lhe perguntava qual era a minha missão na Terra – em outras palavras, o que é que eu viera fazer aqui. Nichiren me revelou que as palavras da sua resposta iriam compor o cerne da minha filosofia. Não entrou em detalhes, mas acrescentou: "Acredite nas pessoas, no mundo e em Deus". A partir de então, passei a meditar nessas duas mensagens com frequência.

Em relação à mensagem "acredite nas pessoas, no mundo e em Deus", acho que ela pode ser explicada da seguinte forma: "Acredite nas pessoas" sugere que devemos acreditar na natureza divina que está adormecida dentro de todos nós, e que a verdadeira essência das pessoas é que elas são filhas de Deus. "Acredite no mundo" é algo que decorre dessa crença na natureza divina dos outros. Significa que não devemos olhar para o mundo como se fosse algo mau. Esse mundo é uma sociedade criada por filhos de Deus, e portanto deveria ser uma sociedade utópica. Devemos criar aqui na Terra o tipo de mundo ideal que existe no mundo espiritual, no Céu. É assim que precisamos pensar, como seres humanos, a respeito desse mundo e da nossa sociedade. Finalmente, "Acredite em Deus" é a mensagem mais importante, e a que conclui, pois é o ponto de partida da fé.

A mensagem "ame, nutra e perdoe os outros" é um ensinamento que todos são capazes de entender. Minha filosofia pessoal está em grande parte resumida nessa mensagem. No entanto, demorou seis anos para que ela emergisse na minha vida e ganhasse um sentido público. Nesse período, refleti sobre essas palavras com atenção, até que ficou claro para mim que a frase estava ligada aos estágios de desenvolvimento do amor, um modelo que surgiu das minhas reflexões sobre esta mensagem. Naquele momento, escrevi sobre esses estágios no livro *As Leis do Sol*.

O budismo concentra-se tradicionalmente nos estágios e no desenvolvimento da iluminação, enquanto o cristianismo dá importância máxima ao amor. Buscar a iluminação e tentar oferecer amor às pessoas são duas abordagens que parecem muito diferentes, e talvez por isso os dois movimentos religiosos pareçam às vezes incapazes de se fundir. No entanto, descobri que o amor e a iluminação são ideias não só compatíveis, mas que na realidade estão intimamente relacionadas. Os estágios de desenvolvimento do amor encurtam a distância entre essas duas ideias e mostram que em cada um dos níveis do amor existem estágios correspondentes de iluminação, o que revela um modelo unificado de ideias budistas e cristãs.

Consegui compreender os estágios de desenvolvimento do amor depois de refletir sobre a mensagem de Nichiren durante seis anos. Compreendi que o primeiro estágio, de amor humano, é o tipo de amor que você sente pelos pais, parentes, amigos e outras pessoas que encontra ao longo da vida. Esse tipo de amor é o que dedicamos àqueles que amamos naturalmente. Chamo esse estágio de "amor fundamental". Para todas as pessoas, esse é o ponto de partida do amor.

Chamo o estágio seguinte de "amor que nutre". Ao olharmos para o mundo à nossa volta, vemos numerosos líderes. O que os torna líderes? A resposta é que os melhores entre eles compartilham um desejo de nutrir os outros; são pessoas que possuem essa forma de amor maior, mais altamente desenvolvida, e fazem dela seu princípio orientador. Elas se tornam líderes naturalmente. Os líderes devem amar não só aqueles que é natural amar, mas, devido à sua posição, devem amar também muitas outras pessoas. Devem dar aos outros o amor que é conhecido como liderança. Tais pessoas existem de fato e são indivíduos destacados.

Uma forma ainda mais elevada de amor, que às vezes até mesmo os melhores líderes não possuem, é o estágio que chamo de "amor que perdoa". É o amor visto de uma perspectiva religiosa. As pessoas podem ser excelentes em termos terrenos e nutrir os outros, mas alcançar o estágio de amor que perdoa requer mais. Pede um alto grau de iluminação, um grande despertar. Esse despertar espiritual coloca você num estado de espírito próximo ao de Deus. Ficou claro para mim que esse estágio mais elevado de amor – o amor que perdoa – existe, e que esse amor elimina a necessidade de distinguir entre o bem e o mal. Descobri que é esse o amor de uma pessoa verdadeiramente religiosa ou espiritual. Foram esses os pensamentos que ocuparam meu coração depois que Nichiren começou a entrar em contato comigo.

Enquanto recebia várias mensagens espirituais de Nichiren e de outros Espíritos Divinos, eu continuava trabalhando em período integral numa grande empresa comercial japonesa, onde às vezes me sobrecarregava muito de trabalho.

No meio de uma vida frenética como essa, senti meu coração vacilar muitas vezes, e apesar de ter alcançado o que era claramente o primeiro estágio da iluminação, comecei a desenvolver novos apegos mundanos. Acho que parte do problema decorria do meu desejo de ter sucesso na empresa. Ainda era importante para mim conquistar o reconhecimento dos outros e ser melhor que meus colegas. Eu lutava sem descanso para me tornar um dos integrantes da elite, e consequentemente criei todo tipo de problema para mim. Quando as coisas na minha carreira não saíam da maneira que eu queria, meu sofrimento interior aumentava. Surgiram inúmeros obstáculos que afetaram negativamente meu relacionamento com meu chefe e com meus colegas de trabalho. Eu não tivera esse tipo de problema na época de estudante, e agora sentia um conflito tremendo no coração.

Na sociedade japonesa, os novos funcionários são tratados como se fossem pessoas de segunda classe, como soldados rasos no exército. O sistema de promoção por tempo de serviço é típico de todas as corporações japonesas, mas eu questionava a validade de se avaliarem as pessoas simplesmente com base no número de anos que haviam trabalhado numa mesma companhia. Achava muito frustrante que o valor de um indivíduo fosse medido pelos anos de serviço e não por seu progresso espiritual, pelo estado da sua mente ou por seu nível de iluminação.

Embora não se deva ver ou julgar as pessoas como exclusivamente boas ou más, quando examinadas através do olhar espiritual, não é possível negar que existem pessoas com tendências definidas para o bem e outras com uma propensão evidente para o mal. Quando eu olhava através dos olhos de Deus e de acordo com a Verdade, percebia que as pessoas com uma inclinação para o mal, que eram motivadas pelo egoísmo e demonstravam forte desejo de conquista no plano material, eram geralmente bem recebidas pelo mundo. Isso me deixava perplexo.

A partir dessas observações, decidi criar um local de trabalho onde os empregados fossem julgados não pela extensão do tempo de serviço, mas pelo estágio de desen-

PREFÁCIO

volvimento da sua mente. Minha principal expectativa e desejo era ver companhias, organizações e até mesmo o mundo baseados em valores verdadeiros.

No entanto, pelo fato de trabalhar numa das principais companhias do Japão, as chances de conquistar meus objetivos pareciam pequenas. Concluí que a única linha de ação que me restava era fazer meu trabalho usando o melhor da minha capacidade, e ao mesmo tempo mostrar às pessoas à minha volta o máximo possível de amor. Não se tratava de um tipo de amor que tivesse alguma forma definida, mas de um amor que apoiasse os outros tanto aberta quanto veladamente. Não podia fazer mais do que isso naquela época.

Nesse período, sofri muito com os conflitos gerados por meus relacionamentos pessoais. Embora fosse capaz de abrir a janela do meu coração e continuar a falar com os Espíritos Divinos, como já fazia havia algum tempo, me vi enfrentando uma série de transtornos. Eles com frequência perturbavam meu equilíbrio. Infelizmente, com a mente preenchida pelas emoções que a percorriam, eu às vezes passava dias sem ser capaz de me concentrar na minha meditação.

Quando sua mente é tumultuada pelo desejo de crescimento pessoal e por sentimentos, mesmo os mais naturais, em relação ao sexo oposto, pode acontecer de o Demônio aproveitar essa oportunidade para tentar entrar no seu coração. Como muitos líderes religiosos do passado, fui obrigado a lutar contra vários Demônios. Entre os

Demônios que a história tornou famosos estão Lúcifer, o governante do Inferno, e Belzebu, o que tentou Jesus durante seus 40 dias de solidão no deserto. Essas duas presenças também vieram me atacar, além de outro Demônio de grande poder espiritual, uma figura bem conhecida do budismo esotérico. Um após o outro, enfrentei todos esses Demônios.

Eles tinham como alvo minha fraqueza, e tiraram partido da minha sensitividade espiritual, presente naqueles que possuem naturalmente habilidades espirituais. Assim, nos dias em que não me sentia muito bem ou quando minha mente estava perturbada, esses Demônios apareciam e diziam coisas com a intenção de me afastar do meu caminho verdadeiro, aquele que eu havia escolhido. Quando eu sentia apegos, os Demônios faziam o possível para amplificá-los, enchendo minha mente daqueles pensamentos aos quais eu me sentia apegado e tornando quase impossível para mim pensar em qualquer outra coisa. Consequentemente, fiquei estressado e não conseguia mais dormir à noite. Como a situação continuava, não tive outra opção a não ser enfrentar os Demônios. E aprendi que a verdadeira fonte do meu sofrimento estava dentro do meu próprio ser. Eles não estavam fora de mim, mas dentro do meu coração. Compreendi que haviam sido capazes de se insinuar através das fragilidades que existiam na minha mente. Em última análise, foi o meu orgulho que lhes permitiu exercer seu poder.

Prefácio

Em muitas ocasiões, vacilei em relação à intenção de seguir o caminho da Verdade, e houve momentos em que até quis me livrar da minha capacidade de receber mensagens espirituais. Era nessas horas de fraqueza que os Demônios vinham me visitar e me tentar. Eles diziam que, se eu não parasse de me comunicar com os Espíritos Divinos, não abandonasse minha iluminação e não abrisse mão dos meus planos de pregar a Verdade aos outros, nunca encontraria a felicidade. Recebi falsas promessas de que, se descartasse a Verdade, abandonasse a iluminação e desistisse de todas as intenções de ensinar os outros, conseguiria logo uma promoção no trabalho e teria um status mais elevado e uma renda maior. Dessas e de muitas outras maneiras, eles atacaram minhas fraquezas, tentando-me constantemente e buscando evitar minha iluminação com promessas de sucesso mundano.

Nesse período, a vida me parecia muito difícil, mas me mantive fiel ao meu desejo de me aprimorar. Não tinha como saber o que aconteceria no futuro. Mesmo me sentindo pressionado a alcançar rapidamente um sucesso pessoal, não conseguia ver aonde isso me levaria. Embora tivesse recebido a mensagem de amar, nutrir e perdoar as pessoas, não sabia como aplicá-la à minha própria vida. Mas continuei confiando que minha missão ficaria mais clara para mim no seu devido tempo e que chegaria o dia em que eu seria genuinamente útil ao mundo.

Até lá, tudo o que eu podia fazer era aceitar que havia iniciado minha viagem como uma pessoa de competência mediana. Devia me manter humilde e continuar a almejar um autoaperfeiçoamento. Era um erro me considerar uma pessoa especial só porque conseguia me comunicar com o mundo espiritual. Eu era uma pessoa comum e portanto precisava dar o melhor de mim para viver a vida como outro cidadão qualquer e como um bom membro da sociedade. Refleti que mesmo que perdesse minhas habilidades espirituais e tivesse esse dom tirado de mim, deveria continuar me esforçando para me tornar o tipo de indivíduo que as outras pessoas respeitam. Decidi que iria tentar brilhar pela maneira como vivia minha vida cotidiana, no meio das pessoas comuns.

Para conseguir isso, conscientemente abandonei todas as pretensões de grandeza – o orgulho que eu sentia em relação à minha capacidade de me comunicar com o mundo espiritual e também a ideia de que eu devia ser alguém muito especial. Em vez disso, decidi me tornar simplesmente o tipo de pessoa que os outros ficam felizes em conhecer. Eu tentaria ser como uma refrescante brisa de primavera e me tornar o mais próximo possível de um indivíduo comum exemplar. Por um tempo, para conseguir essa meta, deixei de lado o mundo espiritual e me concentrei em fazer um reexame de mim mesmo e da minha maneira de viver, cuidando para não cometer erros nas minhas ações.

Os Demônios haviam tentado ganhar o controle da minha mente por causa dos meus sentimentos de superioridade em relação aos outros. Agora eu sei que os

PREFÁCIO

Demônios têm facilidade para entrar no coração das pessoas que procuram habilidades mediúnicas apenas com o intuito de se tornarem sublimes no nível pessoal. No meu caso, o que em última instância os afastou não foi uma repreensão severa ou o poder das minhas aptidões espirituais. Foi minha resolução constante de querer apenas brilhar como uma pessoa normal. Eu sempre dizia a mim mesmo: "Não há absolutamente nada de errado em viver uma vida comum. Vou ter uma vida normal e conseguir realizações em decorrência disso. Nem vou precisar produzir nada de grandioso, porque mesmo algo pequeno será suficiente. O mais importante é viver uma vida da qual possa me orgulhar, viver de um modo que as demais pessoas reconheçam e digam: 'Estamos felizes por termos entre nós alguém como ele'. Essa é a natureza da vida que eu quero viver. A partir de agora, vou construir minhas realizações de modo gradual". Compreendi a importância dessas palavras e comecei a colocá-las em prática. Então os Demônios foram embora, pois não tinham mais o poder de me acompanhar. Quando aprendi a brilhar como uma luz quente mesmo vivendo uma vida comum, os Demônios finalmente me deixaram em paz.

Tenho certeza de que muitos dos que leem estas páginas têm interesse por assuntos espirituais. Talvez você até já possua habilidades psíquicas. Nesse caso, não deve encará-las como uma maneira de se tornar uma pessoa extraordinária, pois isso pode colocá-lo à beira de um precipício terrível. O desejo de se tornar um ser humano famoso ou extraordinário traz consigo uma ânsia de prestígio, e pensamentos desse tipo são alimento para os Demônios. Se tiver consciência de que está cometendo esses erros, procure se esforçar para ter uma vida comum – procure a luz dentro dessa normalidade. Em outras palavras, comece tudo de novo como uma pessoa comum.

É importante que você se pergunte: "Se de uma hora para outra eu perder minhas habilidades espirituais, mesmo assim ainda serei um indivíduo bom, digno de admiração? Quando meus dias neste mundo tiverem se encerrado, minha vida terá feito sentido?". Se a resposta a essas duas perguntas for um sincero "sim", então você aprendeu a vencer o Demônio que procura abrigo em seu interior.

No meu confronto com os Demônios, passei quase seis anos envolvido num treino rigoroso da minha alma. Lutei para me aprimorar, sempre por meio de uma vida normal e despretensiosa. Então, ao chegar perto dos 30 anos de idade, algo muito extraordinário começou a se desenvolver a partir das minhas realizações corriqueiras.

Ao longo desse período, meu pai, Saburo Yoshikawa, foi sempre uma grande força para mim e trabalhou duro para compilar as mensagens espirituais que eu recebia. Ele as organizou em forma de livro e conseguiu um editor para elas. Começamos a publicar uma compilação a cada dois meses. O primeiro livro foi *The Spiritual Messages of Nichiren*, seguido por *The Spiritual Messages of Kukai* e depois *As Mensagens Espirituais de Jesus Cristo*.

Prefácio

Apesar da bem-sucedida publicação das mensagens, foi uma época muito difícil. Na minha carreira, eu estava chegando ao nível médio da administração. Abria-se à minha frente o caminho para uma promoção. Eu ainda tinha uma grande ambição de crescer no mundo dos negócios e de obter sucesso pessoal, mas compreendi que não podia deixar as coisas continuarem daquele jeito. Precisava encontrar alguma forma de realizar a missão especial que eu sabia ter recebido neste mundo. Os dois caminhos eram incompatíveis, e isso causou um conflito em mim.

Parte do problema era o medo do desconhecido. Mesmo durante o tempo em que recebia mensagens dos Espíritos Divinos, eu me perguntava como poderia divulgar esse conhecimento ao mundo e criar algum tipo de organização baseada em tudo o que me havia sido revelado.

A situação atingiu o ponto crítico pouco antes de eu completar 30 anos. Os Espíritos Divinos vinham conversando comigo há seis anos, e a mensagem que recebi deles nesse ponto crucial da minha vida foi: "Agora é hora de se mexer". Ao ouvir isso e anotar, finalmente resolvi pedir demissão da companhia onde trabalhava. Estava decidido a me manter sozinho e a viver na Verdade.

Até então, tentara continuar trabalhando para ganhar meu sustento e ao mesmo tempo levar adiante minhas atividades espirituais. Mas cheguei à conclusão de que não precisava de renda. Na verdade, não precisava de nada. A partir desse momento, minha mente ficou clara.

Não me importava o que iria acontecer comigo, desde que pudesse dedicar minha vida a difundir a Verdade. Não me importava nem mesmo perder a própria vida.

Quando abandonei minha carreira, havia poupado dinheiro suficiente para me manter por um ano. Mas decidi que mesmo que passasse fome quando o dinheiro acabasse, simplesmente tentaria fazer o que fosse possível no tempo disponível. Faria aquilo que queria fazer e evitaria me preocupar com o futuro. Não era mais possível evitar o que eu já sabia ser meu dever e minha vocação. Queria embarcar totalmente no caminho da Verdade e seguir adiante por ele. Minha carreira e minha reputação de uma hora para outra passaram a não ter mais importância, e não me preocupava se as pessoas achassem que eu estava louco. Dali em diante, podia ser chamado de guru ou de doido, não importava. Desisti de tudo e estava preparado até a abrir mão da minha vida terrena.

Esse momento marcou o nascimento de Ryuho Okawa. Até então, eu tivera outro nome na certidão de nascimento, mas decidi deixar esse nome de lado junto com todo o resto e viver minha vida dali em diante sob meu nome sagrado de Ryuho Okawa.

Eu sofrera minha primeira "morte" aos 24 anos de idade. Aos 30, experimentei a segunda e abandonei tudo o que pertencia ao meu passado. Além de largar o trabalho, terminei muitos dos meus relacionamentos pessoais; parei de ver os velhos amigos, os antigos colegas, os chefes e as pessoas que haviam trabalhado sob meu comando.

Abandonei de vez minha antiga vida e abri mão de qualquer esperança em relação ao futuro. Descartei tudo e comecei do zero. Com essa disposição de ânimo e para poder cumprir minha missão, dediquei-me a criar uma organização que iria se tornar a Happy Science, ou Ciência da Felicidade.

O fato de descartar tudo dessa maneira, inclusive a mim mesmo, me permitiu renascer de verdade. Os primeiros meses foram difíceis, pois não tinha rendimentos nem perspectivas. Tudo o que possuía para seguir adiante eram as palavras dos Espíritos Divinos e minha própria determinação. Mas ao me livrar de meu antigo eu, adquiri a chave que me permitiu dar um grande passo adiante. E depois de ter "morrido" duas vezes, não tinha mais medo de nada. Aqueles que não receiam abandonar tudo o que possuem não têm nada a temer. Mesmo agora, pregando a Verdade, estou bem preparado para perder tudo se necessário e ficar de mãos vazias de novo. Continuo pronto para recomeçar do zero, e por isso não tenho medo.

Alcançar esse estado de espírito é o primeiro passo para se tornar um desperto, alguém que atingiu a iluminação. O Buda Shakyamuni passou por essa experiência, e, embora os detalhes de sua vida e do ambiente em que viveu fossem diferentes dos meus, nossa mente estava no mesmo estado. Nós dois decidimos viver em função da Verdade, e ambos descobrimos nosso verdadeiro eu e fomos despertados para uma perspectiva espiritual da vida.

Continua sendo meu desejo mais profundo que muito mais gente possa ter essa experiência no futuro.

Minha intenção é continuar a pregar e divulgar a Verdade, e acredito que essas atividades irão se expandir tanto em qualidade como em quantidade. À medida que meu trabalho se tornar mais intenso, inevitavelmente serei malcompreendido e ridicularizado. Na verdade, já há quem afirme que nosso trabalho na Happy Science tem como intuito a glorificação pessoal e o ganho financeiro. É provável que as críticas dessas pessoas que verbalizam tais acusações expressem, na realidade, a condição de sua própria mente. Depois de morrer duas vezes, consigo permanecer tranquilo diante dessas acusações. Isso graças a um espírito indômito, que só pode ser vivenciado quando se joga fora o antigo eu e se experimenta essa "morte" necessária. Esse estado de espírito só pode ser descoberto por aqueles que deixaram tudo de lado, inclusive seu orgulho e seu futuro.

Não estou nem de longe interessado na glória pessoal, nem almejo o sucesso mundano. Contento-me simplesmente em fazer o que precisa ser feito e o que quero fazer. Estou cultivando o solo. Se as pessoas me acusam de estar fazendo isso do jeito errado, não me incomodo. Vou continuar minha missão até que cada centímetro de terra tenha sido arado.

Vou prosseguir feliz, desde que possa viver para os outros. Estou me dedicando às pessoas que estão vivas no mundo hoje e àquelas que estão por vir. Se possível, gostaria de deixar algo duradouro, que ainda possa ser útil às pessoas daqui a 2 ou 3 mil anos. Quero criar algo que sirva de alimento para a alma de muita gente. Continuo com o desejo de me tornar como a água fresca do oásis de um deserto – água inesgotável, não importa o quanto se tire dela. É meu profundo desejo tornar-me um manancial e uma fonte das leis espirituais.

Não me incomodo nem um pouco de ter começado minha jornada como uma pessoa comum. Minha missão é continuar espalhando a Verdade pelo mundo enquanto eu viver. Não tenho dúvidas de que o acúmulo de esforços comuns será transformado num amor extraordinário, que se erguerá majestosamente e brilhará pelo mundo quando eu terminar minha missão na Terra. Comecei minha tarefa com um coração puro e é assim que pretendo concluí-la.

Ryuho Okawa

Capítulo 1

ABRIR A PORTA PARA UM
NOVO MUNDO

Para iniciar nossa busca, precisamos meditar sobre o sentido da vida e sobre a verdade de quem realmente somos. Alguma vez você já parou para olhar para si mesmo – para a verdadeira essência da sua identidade pessoal? É provável que você se considere uma entidade totalmente independente, um indivíduo único entre outros no mundo. Parece lógico e correto supor isso, pois temos corpos separados e cada um de nós possui uma identidade singular. No entanto, por mais sensata que essa suposição possa parecer, quero que você considere se essa maneira de se ver, como alguém isolado, é de fato um enfoque completo da vida, se é realmente satisfatório e até mesmo correto.

  No mundo da religião e do mito, e desde tempos tão remotos que não sabemos ao certo quando começaram, há uma crença muito arraigada. Pessoas de todos os pontos do planeta vêm contando e recontando histórias sobre uma imensa árvore existente no universo. Embora receba muitos nomes, e diferentes culturas a tenham retratado de várias maneiras, ela sempre foi importante para nossos ancestrais, de onde quer que viessem. Para os escandinavos, era a Árvore do Mundo, para os antigos mesopotâmios, a Árvore da Vida. Ela está presente nas antigas mitologias da China, da Índia e da América Central. Não importa o nome pelo qual seja chamada, a Árvore Cósmica constitui o núcleo da crença religiosa humana, e incontáveis milhões de pessoas a reverenciaram através dos milênios.

Você pode pegar o telescópio mais sofisticado do mundo e observar os céus até percorrer cada parte do universo material, mas nunca verá a grande Árvore Cósmica pelo visor do telescópio. A Árvore Cósmica só pode ser percebida pelo seu olho espiritual.

Do tronco sólido e antigo da Árvore Cósmica partem ramos em todas as direções, formando uma copa que engloba todas as partes da criação no universo. Um ramo da Árvore Cósmica alcança a Terra. Quando visto pelo olho espiritual, esse grande ramo parece um imenso tronco de árvore, com mais ramos que se estendem até unir toda a criação na Terra. O nome dessa imensa árvore é El Cantare, e ela é a origem de toda a vida na Terra. O que é mais importante ainda, toda a energia espiritual flui através e a partir de El Cantare.

Conforme os ramos de El Cantare se afastam do tronco, eles se dividem em ramos menores. Os incontáveis ramos que saem de El Cantare representam as diferentes religiões e grupos étnicos que floresceram em vários lugares do mundo ao longo da história. Cada ramo pode representar um novo país, mas é igualmente provável que se estenda além dos limites da nacionalidade e inclua várias regiões, por exemplo, áreas inteiras da Ásia ou da Europa. Em outros casos, ramos particulares se espalham pelo mundo todo e abrangem vários grupos étnicos, onde vivem pessoas que compartilham certo modo de pensar.

As diferenças entre os grupos são, na realidade, apenas de crenças e práticas religiosas. A religião existe ao longo do tempo como a base fundamental da cultura e da civilização. Cada grupo étnico foi formado originalmente a partir dos seguidores de um dos muitos líderes religiosos que apareceram no mundo e pregaram novas mensagens, mas todos vêm da mesma fonte. No decorrer às vezes de milhares de anos, um grupo étnico particular desenvolve práticas e características específicas. Os indivíduos reencarnam várias vezes na mesma civilização e experimentam repetidamente a cultura daquela região específica.

Essa visão da vida pode parecer extraordinária, mas representa a suprema Verdade da existência. É bem diferente da visão de mundo que você aprendeu na escola ou daquela que assimilou lendo livros e revistas ou vendo tevê. Muitas pessoas se limitam a viver a própria vida reagindo apenas à sua vontade, dissociadas dos demais seres humanos. Embora as almas individuais tenham existência independente, elas não deixam de ser também parte de um todo maior, e estão todas ligadas à grande Árvore da Vida. A suprema Verdade é que os seres humanos renascem muitas vezes, num ciclo infindável de reencarnações, dentro da estrutura da Árvore da Vida.

Uma vez que você aceite isso como a verdadeira perspectiva da vida e da realidade, sua atitude em relação a muitas situações irá mudar completamente. Hoje você pode estar olhando para si mesmo e pensando: "Mas esse é meu verdadeiro eu. Esse indivíduo que existe agora, que tem meu nome e minha personalidade, é o meu eu real e meu único eu". Se você pensa assim, talvez não tenha percebido o outro mundo, o espiritual, e é provável que não tenha ouvido falar de indivíduos que visitaram essa esfera e voltaram para contar a respeito dela. Como ocorre com muitas pessoas que não desenvolveram um conhecimento do mundo espiritual, talvez você não tenha ideia do que aconteceu com você antes de nascer para esta vida ou do lugar para onde irá quando ela terminar.

Isso é muito normal e compreensível no plano material que habitamos hoje em dia. Raramente, às vezes nunca, obtemos outra visão da vida, mesmo em nossos sistemas educacionais. Embora possamos aprender muito a partir das experiências que temos no mundo, precisamos de algo além, que nos ajude a ver as coisas de outro modo. Apenas as religiões que oferecem uma perspectiva correta e uma verdadeira compreensão podem nos ensinar a visão da vida e do mundo mais real e gratificante.

Portanto, apesar das aparências, não se iluda em pensar que o seu corpo físico, do jeito como existe nesse momento, é o seu verdadeiro eu. Você é apenas um viajante, que está temporariamente visitando este pequeno planeta chamado Terra, e que na realidade é apenas um ponto minúsculo em um universo infinitamente vasto. Como visitante, você irá ficar aqui algumas décadas e depois voltará para a verdadeira realidade do mundo espiritual. O propósito maior de viver uma existência terrena é aprender novas lições e obter conhecimento.

Almas Irmãs e Reencarnação

Agora visualize os ramos da Árvore da Vida dividindo-se em ramos ainda menores e estes, por sua vez, ramificando-se em galhos finos, cheios de folhas. Olhando mais de perto, você verá que cada galhinho tem seis folhas. Pense em cada grupo de seis folhas como uma forma de vida individual – a alma. Podemos chamar as folhas de um agrupamento desse tipo de "almas irmãs".

Sob a maioria das circunstâncias, um grupo de almas irmãs é sensível a uma alma central. Esta representa o âmago, o centro de comando da alma, que compartilha sua essência com cinco outras almas irmãs. Todas as almas irmãs experimentam a vida, uma após a outra. Cada uma tem sua vez de nascer na Terra, onde vive uma existência material sob forma humana. Ao nascer num corpo humano, cada alma irmã carrega com ela cerca de um sexto da energia da alma central. Enquanto vivemos no mundo material, o restante da nossa alma, representada por nossas cinco almas irmãs, fica no mundo espiritual, e um membro desse grupo de almas irmãs atua como espírito guardião. Assim, embora às vezes possa parecer que estamos sozinhos, isso nunca acontece. Após uma vida de treinamento espiritual na Terra, a alma irmã volta ao mundo espiritual com uma nova personalidade adquirida durante sua vida terrena. Quando as almas irmãs voltam ao mundo espiritual após a morte, a maioria tende a manter a aparência que tinha em sua estadia como ser corpóreo. A experiência que cada alma irmã adquire na Terra não se restringe a uma única existência. Cada alma irmã volta várias vezes, reencarnada em vidas diferentes, e portanto adquire diversas personalidades. Quando, porém, as almas irmãs finalmente se reúnem, ainda constituem uma alma completa. Cada uma das almas irmãs sabe que é um componente do todo e que ela e as outras irmãs juntas formam uma única alma humana.

A alma, portanto, tem uma multiplicidade de memórias e experiências, fornecidas pelas suas diversas partes componentes, que se sobrepõem e convergem. Como exemplo, e usando as eras japonesas, digamos que você nasceu em três períodos: no Período Heian (794-1185), no Período Kamakura (1185-1333) e no Período Edo (1603-1867). Nesse caso, você conservaria as experiências de vida acumuladas em suas várias reencarnações no mundo, em cada um desses períodos históricos. Nessas existências, teria deparado com muitas circunstâncias diferentes, conhecido inúmeras outras almas encarnadas e desempenhado vários papéis nas encarnações terrenas, que são parte do desenvolvimento da alma.

Toda pessoa que está viva agora terá experiências novas, na atual era do século 21. Irá estudar novos assuntos, encontrar novas situações e acabará voltando ao mundo espiritual com uma nova bagagem, adquirida em sua vida terrena. Ao se reintegrar ao mundo espiritual, suas almas irmãs irão compartilhar essas novas memórias e se enriquecerão com sua experiência. Dentro da alma inteira há memórias que remontam a vidas e eras bem anteriores, mas tais lembranças vão gradualmente desaparecendo, conforme cada alma irmã nasce repetidas vezes. Cada nova vida atualiza o conjunto de experiências da alma com os novos conhecimentos e experiências adquiridos.

Pode ser difícil entender nesse momento a ideia de "folhas" da alma na Árvore da Vida, porque você encara o mundo apenas a partir da perspectiva da sua atual vida terrena. Para compreender e ganhar uma nova perspectiva para a sua vida, focalize sua mente em apenas um dos galhinhos da Árvore da Vida, onde crescem seis folhas. Pense em você como uma dessas folhas.

As folhas brotam e crescem, depois ficam de cor vermelha, laranja ou amarela e, por fim, marrons, até caírem. No nível humano, isso equivale a chegar ao auge da vida, entrar na idade avançada e depois morrer. À medida que os anos passam, você pensa: "Nos dias atuais, sinto-me menos vigoroso. Meu corpo está mais fraco e minhas costas encurvadas". Talvez você perceba que tem mais rugas, que começa a perder cabelo e está mais propenso a adoecer. É a época em que você fica como a folha marrom e seca. E, tão certo como a folha acabará sendo arrancada da árvore pelos ventos do final do outono, também você acabará deixando para trás seu corpo humano e voltando ao mundo espiritual. Folhas caídas cobrem o chão da floresta, devolvendo seus nutrientes ao solo, onde serão reabsorvidos pela árvore para nutrir as folhas novas. Assim também é a vida do indivíduo quando vista da perspectiva da Árvore da Vida. A analogia é válida porque, como resultado das suas muitas encarnações, você acumula experiências que nutrem e alimentam a Árvore da Vida.

Almas Ligadas por Vínculos Espirituais

Quero levar nossa análise da Árvore da Vida um pouco mais longe. Expliquei que as seis folhas que crescem de um único galhinho da árvore representam sua alma grupal, formada por você e pelas suas cinco almas irmãs. Perto de você há outros galhinhos que se desenvolveram a partir do mesmo ramo que o seu. As almas que ocupam esses galhos adjacentes são almas parentes, que brotaram do mesmo ramo comum. As almas adjacentes à sua nasceram mais ou menos na mesma época que você e têm vínculos estreitos com você. Por isso, são com frequência chamadas de almas parceiras. Mesmo que essas almas próximas não sejam suas almas irmãs, elas fazem parte do grupo com o qual você sempre recebe tratamento anímico na Terra.

Geralmente você nasce no mesmo período que suas almas parceiras. Na vida, elas serão os membros da sua família, os parentes mais distantes, os bons amigos ou talvez aqueles colegas que você encontra sempre. Isso também se aplica aos seus pais, irmãos e irmãs, avós, filhos e netos. E amigos com os quais compartilhe aspectos e um mesmo destino, assim como pessoas com as quais sente afinidade sem nenhuma razão particular.

As pessoas com as quais você está associado hoje de algum modo lhe foram importantes em encarnações passadas, e você teve com elas muitos relacionamentos diferentes. Por exemplo, embora você seja hoje marido ou mulher de uma determinada pessoa, vocês dois podem ter sido pai e filha numa encarnação anterior. Às vezes, um irmão mais velho que você ama muito foi seu pai numa vida anterior, ou a tia pela qual sente um afeto especial e que sempre lhe deu conselhos muito úteis pode ter sido sua mãe em alguma época passada. Mesmo aqueles que se tornam seus rivais podem alguma vez ter sido seus irmãos ou irmãs queridos.

Seus relacionamentos com aqueles que são parte do seu grupo espiritual irão variar de uma vida para outra, conforme você reencarna repetidas vezes. Você e suas almas parceiras assumem seu treinamento de vida por meio de diversos tipos de associações e relacionamentos. Ao tentar entender o sentido da sua vida, é essencial analisar sua existência num nível mais profundo do que o geralmente adotado no nosso mundo material.

Hoje, com um nível muito melhor de nutrição e cuidados com a saúde, as pessoas costumam viver até os 80 ou 90 anos, o que lhes permite ter ricas experiências por um longo período. Nessas circunstâncias, as mudanças nos relacionamentos são inevitáveis. Mas apesar das mudanças, é sempre provável que haja à sua volta pessoas que você reconheça como almas parceiras. O destino não é algo fixo ou imutável. Assim, mesmo que alguns relacionamentos específicos com pessoas da família, amigos ou parceiros de negócios fracassem ou esfriem, sempre haverá almas parceiras ou almas amigas com as quais você terá vínculos especiais, e elas também vão aparecer entre os novos relacionamentos que fizer. Essas almas parceiras e almas amigas irão ajudá-lo quando for necessário.

No ritmo desordenado da sociedade moderna, há muitos divórcios e novas uniões na Europa e na América do Norte, assim como em outras partes do mundo. A ideia de um fio único de destino ligando marido e mulher por toda a eternidade pode fazer pouco sentido. Nas sociedades cristãs, quando duas pessoas se casam, fazem votos de que ninguém irá separar um relacionamento que foi santificado por Deus. Elas podem, então, se sentir culpadas quando as coisas não dão certo, e quebram o juramento para casar de novo. A igreja não consegue livrar os fiéis dos sentimentos de culpa que surgem. Como resultado, muitos indivíduos procuram uma nova perspectiva e tentam assegurar sua salvação religiosa por outros meios.

Conselheiros espirituais e profissionais de outras especialidades oferecem orientação a essas pessoas sobre questões conjugais e também tentam descobrir se os seus parceiros de casamento estão ligados a elas pelo destino. Muitos conselheiros fazem leituras sobre vidas passadas, a fim de definir se os novos parceiros foram ou não pessoas próximas em encarnações passadas. Quando os conselheiros matrimoniais dizem que os potenciais parceiros de casamento já estavam ligados um ao outro em encarnações anteriores, a informação serve para atenuar seus sentimentos de culpa. Na verdade, há várias situações em que esses relacionamentos de vidas passadas mostram-se significativos para as partes envolvidas. Mesmo que você seja forçado pelas circunstâncias a passar por um divórcio e um segundo casamento, por favor, não se atormente por causa disso. É mais do que provável que a pessoa com que você se case em segundas núpcias tenha tido uma ligação espiritual com você em vidas anteriores.

Em cada era em que você encarna no mundo, há um certo número de almas intimamente relacionadas com a sua que vêm para a Terra na mesma época e compartilham do seu treinamento espiritual. A população mundial atual é de mais de 6 bilhões de habitantes, e não vai demorar a chegar aos 7 bilhões. É quase certo que pessoas que nasceram em épocas diferentes no passado estão nascendo simultaneamente agora. Entre essas pessoas, há muitas que pertencem ao seu grupo espiritual, ou seja, que são de galhos próximos ao seu na Árvore da Vida.

Você talvez conheça uma ou várias pessoas na vida pelas quais se sinta especialmente cativado e que façam seu coração bater mais forte. Esse tipo de relacionamento não se dá apenas entre homem e mulher, mas também entre pessoas do mesmo sexo. Vocês podem desenvolver tal afinidade a ponto de se sentirem como membros de uma mesma família, embora não o sejam. Algumas amizades são tão fortes que parecem predestinadas. Você pode conhecer uma pessoa especial com a qual escolha passar o resto da vida. Muitas vezes, pode se tratar de alguém que tem uma conexão espiritual com você. Se refletir um pouco sobre sua vida, vai perceber que a existência de almas parceiras é algo óbvio.

É muito provável que exista um grupo de 20 a 30 pessoas próximas a você com as quais você tenha laços espirituais bem especiais, e que esse grupo de pessoas determine a felicidade e infelicidade de sua vida. Em quase todos os casos, são exatamente essas as pessoas que você precisava conhecer nessa vida, pois já havia planejado conhecê-las nesta sua atual encarnação.

Durante sua vida, aparecerão pessoas que você necessariamente precisa conhecer, pois o que elas lhe oferecem é parte do treinamento da sua alma. Você pode encontrá-las apenas uma vez ou em diversas ocasiões durante seu tempo aqui na Terra. Alguns desses indivíduos irão tratá-lo com extrema bondade, mas outros serão menos simpáticos e irão proporcionar-lhe desafios inevitáveis. Mesmo assim, trata-se de pessoas com as quais você simplesmente precisa conviver. Encare sua vida como um caderno de exercícios que lhe é entregue. Encontrar determinados indivíduos é parte do seu caderno de exercícios, para que você possa resolver questões que teve com eles em vidas anteriores. Você já vem com essas tarefas agendadas de outras encarnações.

Numa vida passada, por exemplo, você pode ter tido um grande relacionamento com alguém, do tipo pai e filho, irmão e irmã ou marido e mulher. No entanto, no decorrer da vida aconteceu alguma coisa que fez com que vocês dois se odiassem. Em casos assim, é vital que você e essa pessoa se encontrem de novo no plano terreno, embora num tipo diferente de associação, para testar como irão tratar um ao outro agora.

Quando surgem problemas de amor e ódio nos relacionamentos, sobretudo nas relações com pessoas que têm profunda influência na sua vida, é muito provável que essas dificuldades tenham sido trazidas de vidas passadas. Você precisa resolver cada um dos problemas desse caderno de exercícios da vida, pois faz parte do plano que Deus lhe traçou. Por favor, não ache que o sofrimento é apenas uma questão de falta de sorte. É muito melhor encarar as dificuldades como testes do seu caderno de exercícios da vida do que como eventos ditados pelo acaso. Muitas das coisas que atravessam o seu caminho ocorrem porque são necessárias e inevitáveis.

Você e suas almas parceiras já se reuniram em inúmeros períodos e regiões, em especial na era presente, em que novos ensinamentos da Verdade estão disponíveis. Vocês encarnaram em diversas civilizações do passado, inclusive algumas que já se tornaram lendas nos tempos modernos. Encontraram-se outras vezes em diferentes situações e seus relacionamentos foram mudando. Trocaram de gênero e de papéis dentro de famílias ao longo de incontáveis séculos, e agora você enfrenta os mesmos indivíduos em sua vida presente. Dentro do vasto oceano da vida, já houve e ainda haverá muitos dramas, mas quero que saiba que conserva uma profunda conexão com as pessoas que conhece.

Agora que você tem consciência dessa Verdade, peço que, ao meditar, pense em uma pessoa que tenha causado forte impressão em sua vida e examine a possibilidade de que esse indivíduo específico tenha um profundo vínculo espiritual com você, estando talvez ligado a você como uma alma parceira.

A Superação do Ódio

Muita gente segue o modelo ocidental do individualismo, achando que as pessoas que competem e que vencem na vida são de algum modo superiores. Isso leva a uma atitude do tipo "derrote ou seja derrotado". Essa competição pode fazer sua mente oscilar entre um estado paradisíaco e um estado infernal, dependendo do resultado de cada um desses confrontos competitivos.

Toda vez que você se encontrar preso nessa situação, seria bom que pensasse de novo na grande Árvore da Vida, visualizando como ela se propaga pelo espaço e estende seus ramos bem além dos domínios da Terra, até planetas longínquos, que abrigam outras formas de vida. Essa árvore única e imensa conecta todas as almas da criação, no universo inteiro. Você pode ganhar ou perder dentro do seu mundo competitivo, mas lembre-se de que as pessoas que agora você vê como oponentes não são seus inimigos ou rivais absolutos. São pessoas que você encontrou várias vezes antes, no decorrer de uma sequência de vidas. Num sentido espiritual, todos estão conectados por meio da Árvore da Vida.

É por isso que ensino todos a se amarem uns aos outros. O que estou dizendo é: "Por favor, amem-se uns aos outros. É um dever amar um ao outro". Vocês não são estranhos. Cada pessoa está conectada, e a energia vital de cada um de nós está ligada à mesma raiz espiritual.

Quando o individualismo predomina demais, faz com que as pessoas desenvolvam em excesso inveja, ciúme, possessividade e, no final das contas, ódio. Esse comportamento vai contra as leis da vida, e em última instância será julgado como um ato negativo, que requer autorreflexão.

As pessoas com as quais você tem relacionamentos estreitos estão todas conectadas a você no mesmo ramo da Árvore da Vida. É um pecado odiar ou detestar os indivíduos com os quais você entra em contato, pois, ao fazer isso, pode danificar ou até cortar um galho que está ligado ao seu.

Essa é a mensagem que quero transmitir: as pessoas precisam parar de se machucar umas às outras, parar de falar mal umas das outras. Não tenha ciúmes das pessoas à sua volta; em vez disso, procure abençoá-las. Com isso, estará desenvolvendo sua própria alma.

O ciúme e o ódio existem como opostos do amor, mas é possível superar as dificuldades que surgem como consequência de pensamentos errados, desde que a pessoa tenha consciência da Verdade. Você compete com os outros e fica com ciúmes deles porque vê a si mesmo como alguém totalmente separado dos outros. Mas esses mesmos indivíduos são, na verdade, suas almas parceiras.

Hoje vemos muito ódio e conflitos provocados por diferenças de etnia ou religião, mas isso ocorre simplesmente porque as pessoas não têm uma compreensão suficiente da Verdade. Por isso é tão importante considerar a Árvore da Vida. Se conseguirmos compreender bem que todos nós nascemos de ramos que fazem parte da mesma árvore, as guerras e os conflitos desaparecerão do nosso mundo. O propósito da Happy Science é ensinar isso a todos. Ao fazê-lo, estamos tentando trazer paz e fartura ao mundo e torná-lo unido, como se fosse uma coisa só.

Perspectiva Material *versus* Perspectiva Espiritual

Hoje, muitos indivíduos tendem a analisar tudo a partir de uma perspectiva limitada, mais ou menos como se uma formiga andasse por um caminho estreito de terra e tentasse ter uma visão global do mundo. Isso pode ser visto na educação, nos negócios e nos veículos de comunicação de massa. Como as pessoas não conseguem ter uma visão mais ampla, adotam um sistema de valores baseado somente no mundo material e pensam segundo uma lógica fundamentada apenas no conhecimento especializado de sua limitada visão terrena.

Por exemplo, há médicos intelectualmente motivados que acabam se fixando no materialismo. Também há professores que acreditam que não podem participar de nenhuma atividade religiosa nem mencionar nada a respeito da fé, simplesmente porque são funcionários públicos. Além de transmitirem conhecimento material, as pessoas que trabalham na educação devem ser "professoras de almas". Não são somente esses profissionais que negam a fé em seus papéis ocupacionais. Muitas outras pessoas na sociedade atual estão envolvidas em numerosas atividades e ações que se mostram equivocadas quando vistas segundo a verdadeira moral da vida, suas leis e a ética de bem e mal, que tem por base a Verdade. Se as pessoas pudessem ter uma perspectiva mais ampla do mundo e do universo como um todo, seriam capazes de perceber a Verdade.

O sucesso no mundo material é diferente do que se considera sucesso no mundo espiritual. Para conseguir sucesso espiritual, você precisa ter uma firme compreensão da Verdade e um sólido pilar de fé verdadeira dentro de si. Se levar em conta apenas seu sucesso ou fracasso material neste mundo, sem nutrir uma fé genuína, nunca será capaz de conseguir um sucesso verdadeiro. Poderá se tornar um especialista em determinado campo, adquirir muito conhecimento e fazer grandes conquistas neste mundo, mas se tudo isso não corresponder à fé fundamental, você não será capaz de alcançar a verdadeira felicidade.

Considere, por exemplo, alguém que tenha ficado muito famoso como autor de romances policiais sobre violência e assassinato. Vamos supor que seus livros tenham se tornado best-sellers no mundo inteiro e gerado séries de televisão muito populares. A pessoa em questão pode ter muito prestígio na sociedade, mas é quase certo que espiritualmente sofre bastante. É provável que um indivíduo numa situação dessas experimente o sofrimento dentro de um mundo bastante similar ao que criou em seus romances. Isso porque, como escritor, ele deve ter alimentado um interesse excessivo por assassinatos e violência, planejando formas de matar pessoas ou atraí-las para armadilhas mortais a fim de poder escrever seus livros. A alma de uma pessoa que pensa o tempo todo em coisas desse tipo fica inevitavelmente condenada a passar um período significativo no Inferno. Portanto, não importa o quanto esse indivíduo seja admirado neste mundo, pois o respeito e a adulação obtidos não garantem que ele possa voltar imediatamente para o Céu.

O mesmo vale para as conquistas acadêmicas. Aqueles que têm boas notas nos estudos, que frequentam as melhores escolas e vão para as melhores universidades são muitas vezes considerados vencedores neste mundo.

Essas pessoas arrumam ocupação em empresas de alto nível ou cargos no governo. Costumam ter muito destaque na sociedade. Mas, se examinarmos essas pessoas do ponto de vista espiritual, veremos na realidade que em muitos aspectos elas não são tão brilhantes. A menos que tenham aprendido também os verdadeiros valores espirituais e trabalhado duro para melhorar sua visão da vida, cultivando ao mesmo tempo sentimentos de amor pelos outros, elas podem acabar sofrendo muito na vida após a morte, no mundo espiritual. Isso se aplica também ao sucesso no mundo dos negócios, quando se atinge um nível de prestígio dentro de uma companhia, e ao sucesso decorrente do alto status social, como o de um grande advogado ou médico. Aconselho você a não se iludir com os falsos sistemas de valores tão em moda hoje para medir o sucesso neste mundo. Eles julgam as pessoas exclusivamente pelo seu status social, pelo prestígio da companhia em que trabalham ou por sua competência técnica.

É preciso olhar tudo com atenção o tempo todo para determinar se está encarando o mundo sob a perspectiva da Verdade. Você sempre deve refletir se a fé está tendo prioridade em relação a todos os outros valores em suas decisões e percepções – já que a precedência da fé é a base da sua vida. Se perder essa perspectiva espiritual tão necessária, pode acabar se separando da Árvore da Vida e, como consequência, sofrer o tormento do Inferno. Por isso, por favor, pense de novo na prioridade da Verdade e da fé sobre os falsos valores deste mundo.

Compensações pela Escolha da Fé

Para poder viver tendo a fé como prioridade, você precisa estar consciente da lei da compensação, uma lei que rege nossa vida. A palavra "compensação" costuma ser usada em expressões como "compensações de guerra" e "pagar uma quantia como compensação". Dessas expressões deduz-se a existência de um valor ou preço equivalente na compensação. A observação e a experiência mostram que há uma certa compensação que você precisa pagar na vida. É disso que trata a lei da compensação.

A lei da compensação envolve a ideia de fazer um esforço para conseguir algo. Nesse caso, o "preço" é o esforço feito. Mas também há coisas que você deve se dispor a abandonar. Segundo a lei da compensação, é preciso abrir mão de coisas menos significativas para a sua vida a fim de conseguir algo significativo. Por exemplo, se você quer se formar na universidade com boas notas, arrumar um bom emprego e ter sucesso, não pode passar o tempo todo jogando baralho. Isso talvez funcione se você pretende virar jogador profissional. Mas se tiver altas aspirações e precisar se concentrar em consegui-las, deverá abrir mão do baralho, mesmo que goste muito de jogar.

Compreender esse conceito de abrir mão de uma coisa para conseguir outra também é importante nos relacionamentos pessoais. É perfeitamente possível amar mais de uma pessoa e ficar envolvido em várias ligações românticas ao mesmo tempo. Embora você acredite que pode ser feliz recebendo amor de vários parceiros, a alegria dessa situação terá vida curta. O mais provável é que produza sofrimento. É quase certo que você terá que pagar um preço, uma compensação, que virá na forma de ciúmes, enganos e consequências autodestrutivas. Então, a certa altura, você será obrigado a abandonar o que já teve e experimentar ainda mais sofrimento.

Nenhuma área da vida está isenta da lei da compensação. Você pode ter vários livros sobre assuntos que deseja aprender, mas é impossível dominar bem todos eles. Se você não consegue se sair bem em tudo com as suas capacidades atuais, deve abrir mão de algo. Precisa decidir no que irá se concentrar primeiro, e deverá dominar isso muito bem antes de passar para outra coisa. Mais tarde, se for capaz de fazer mais, poderá passar para o próximo assunto. Ninguém consegue realizar tudo ao mesmo tempo. Essa é uma lição importante para se ter em mente.

Ao longo da vida, há épocas também em que você precisa decidir o que manter e o que abandonar. Às vezes, terá de pagar um preço, uma compensação, na forma de esforço ou dedicação, e outras vezes a compensação estará em desistir daquilo que você preferiria manter. Às vezes, você acha que pode obter uma vantagem maior numa certa situação, mas é bem provável que esteja equivocado e que acabe tendo de abandonar algo. A não ser que pague uma compensação, não conseguirá obter o que mais deseja. Nesse sentido, abandonar apegos é outra maneira de obter felicidade. A lei da compensação, além de afirmar que, se você quer ganhar alguma coisa, precisa também abrir mão de algo, declara ainda que nada é conseguido sem perseverança e dedicação. Ou seja, o que você paga ou se esforça por fazer é equivalente em valor àquilo que ganha.

Mas, em última análise, as melhores compensações da vida são aquelas que você recebe como retribuição pela sua fé. Abrir mão de algo em nome de Deus e daquilo que você sabe ser verdadeiro significa que você receberá as maiores bênçãos no próximo mundo. Às vezes você precisa fazer um grande esforço, dedicar-se integralmente e desistir de muita coisa em prol da fé. Haverá épocas em que terá de abandonar desejos e abrir mão de coisas que gostaria de ter se fosse guiado apenas por seus instintos materiais. Você com certeza será desafiado a largar coisas aparentemente importantes em nome da fé, mas no final muitas dessas coisas irão revelar-se transitórias e de pouco valor, ao passo que a fé resistirá.

Viver tendo a fé como prioridade significa abandonar alguma coisa em nome da fé. Pergunte a si mesmo que compensações pagou para colocar sua fé em prática até esse momento. O que você fez nesta vida para fortalecer sua fé e agir segundo a convicção de que a fé é insuperável é o aspecto mais importante e valioso. Pode ter certeza de que seu futuro irá retribuir as compensações que tiver feito. O equilíbrio vai fazer sentido dos dois lados da balança, e não há exceções a essa regra.

Embora abrir mão de algo em nome da fé possa parecer contrário aos valores do mundo material, você estará aprimorando sua alma e embarcando num caminho que assegura o sucesso dela. Passar por muitas provações nesse mundo, na verdade, significa que sua alma esteve treinando duramente. A presença do sofrimento também indica que você é, sem dúvida, um dos membros da elite, uma das almas escolhidas. As pessoas que geralmente consideramos da elite, aquelas que atravessam a vida com tudo dando certo e com sucesso material em todos os aspectos, não são de modo algum a verdadeira elite. A verdadeira elite são as pessoas que superam muitas provas na vida, que sofrem com perseguição, doença, dificuldades financeiras ou outros tipos de adversidades e conseguem compreender a verdadeira fé a partir de suas experiências. Mais importante ainda: as pessoas que fazem um esforço para ajudar e salvar outras pessoas, apesar das dificuldades que enfrentam, são as que Deus escolheu. São verdadeiramente almas de elite.

O quanto você pode abrir mão dos valores do mundo para escolher viver na Verdade? Esse é o ponto mais crucial da lei da compensação. Isso é o que o Buda Shakyamuni e Jesus Cristo pregaram. Ambos ensinaram que devemos nos desfazer das posses e dos valores que tenham importância apenas no nível terreno. Essa é a lei da compensação. Aqueles que têm apego às coisas materiais afundam pelo próprio peso de seus apegos. Os que permanecem desapegados das considerações mundanas e vivem uma vida com olhos espirituais – os olhos de Deus –, estes irão sem dúvida um dia sentar-se perto Dele.

Depois que você começa a viver com uma visão verdadeira do mundo, encarando-o pela perspectiva de um universo mais amplo, é possível que enfrente conflitos com os valores do mundo material. Na economia e no governo, nas leis e na educação, nos problemas familiares ou em sua visão do casamento e dos relacionamentos, seus valores podem muitas vezes entrar em conflito com os da sociedade.

Mesmo que você seja bem-sucedido no mundo, só irá viver por algumas décadas, na melhor das hipóteses, e raramente mais de um século. Se o sucesso que você alcança vai contra as leis do universo, ele irá se tornar um obstáculo para o sucesso global da Árvore da Vida. O sucesso material que contradiz as leis naturais e cósmicas da vida irá se dissolver num amargo vazio. Por isso é tão importante ter um alicerce de compreensão da Verdade e ter fé nela.

Como líder religioso, a fim de abrir as portas da felicidade a cada pessoa no futuro, eu procuro tentar ver além da era presente, com olhos nos séculos 22, 23, 25, 30, 40, 50 e até além disso. Ao considerar uma era muito à frente da nossa, sinto que precisamos construir uma sociedade com um sólido alicerce de Verdade e fé, na qual as pessoas reconheçam a Verdade e passem a vivê-la com fé em Deus. Um sólido alicerce na Verdade e na precedência da fé é vital para criar um mundo pleno de felicidade.

Espero de todo o coração que você brilhe intensamente como parte da Árvore Cósmica e que tenha a grande coragem de viver uma vida de fé.

Capítulo 2

VIDA ETERNA E
REENCARNAÇÃO

---※---

Sua felicidade ou infelicidade na Terra depende em grande parte dos alicerces de vida que você cria e de seu esforço para construir um edifício elegante e atraente em cima deles. Existem numerosas religiões e mestres espirituais no mundo, e, portanto, há muitos ensinamentos e sugestões de caminhos para a iluminação. Mas existe uma Verdade importante acima de tudo o que qualquer um desses ensinamentos possa lhe oferecer: a maior de todas as bênçãos é acordar para o fato de que cada pessoa no mundo foi agraciada com a vida eterna.

Algumas pessoas não têm ideia de onde viemos ou do que irá acontecer conosco depois que morrermos, e a maioria prefere não pensar nisso. Em geral, elas supõem que chegaram ao mundo por acaso e que sua identidade e as circunstâncias da vida são também casuais. Infelizmente, muitas pessoas funcionam por essa perspectiva a vida inteira. Elas nunca tiveram a sorte de aprender a Verdade fundamental: que todos nós temos vida eterna. Sinto grande compaixão por tais indivíduos, porque seus dias na Terra irão representar simplesmente dias, meses e anos de sofrimento e dor. Eles terminam a vida sentindo-se sozinhos, infelizes e exaustos. Com frequência não sabem que há inúmeras oportunidades, e raramente tentam expandir seu potencial. O paradoxo é que, apesar da sua crença de que a vida é um longo percurso de sofrimento, muitas dessas pessoas experimentam também um grande medo da morte, acreditando que ela representa o fim de sua existência.

Felizmente, há outros indivíduos que têm uma perspectiva diferente, mais positiva, do sentido da vida. Essas pessoas, embora reconheçam que a morte seja o fim do ponto de vista puramente físico, podem também aceitar prontamente que a morte do corpo não é o fim da vida real e que as pessoas têm vida eterna. Quando velhos, ficamos mais suscetíveis a doenças e problemas de saúde e sentimos maior dificuldade de locomoção. É inevitável que nosso corpo acabe esgotado. Mas isso é apenas a aparência física, e a verdade é que, muito antes de ter nascido nesta vida terrena, sua alma já existia como filha de Deus, e quando a morte vem tirá-lo do mundo, você não é simplesmente extinto. Sua alma continua a existir. As pessoas que conhecem essa Verdade têm consciência de que a verdadeira essência de uma pessoa é a alma e que esta entidade vive para sempre, encarnando continuamente entre o Céu e a Terra. Sua verdadeira essência, a natureza divina dentro de você, já brilhava com luz divina quando você estava no Céu, mas suas encarnações na Terra irão dar à alma experiências que a farão brilhar ainda mais intensamente. Essas pessoas, por terem consciência de que a vida na Terra é uma forma de educação para nossa alma, são capazes de enxergar o grande valor que há em passar várias décadas vivendo na Terra.

Os Riscos Que Você Assumiu em Prol da Vida

Nascer neste mundo é um jogo perigoso, que envolve muitos riscos. Instalados serenamente no Céu, observamos como nossos pais nascem, acabam se conhecendo e casando. Ficamos aguardando que nossa futura mãe fique grávida, e então, na nona semana, após grande preparação, a alma entra no ventre da mãe escolhida. Pelo resto da gravidez, a alma permanece dentro do corpo da mãe, confinada e limitada. Durante esse período, ocorrem às vezes acidentes ou problemas médicos, alguns dos quais podem resultar num aborto. Mas, não importa o que aconteça com a alma que está à espera, temos de vivenciar pacientemente o terror da incerteza em relação ao nosso futuro.

Sem dúvida, as almas que iniciam a jornada nesta vida sabem que existe uma possibilidade de que não cheguem a nascer, e sabem também que, depois, metade das almas falham em seu esforço de viver vidas boas, honestas e verdadeiras, e passam um tempo nos assustadores domínios do Inferno, onde podem ficar de poucas décadas até vários séculos. Toda alma é bem consciente desse risco, e mesmo assim um grande número de almas almeja renascer no mundo e encarar a dúvida e a incerteza da jornada.

O nascimento neste mundo é similar ao perigo que Kukai e seus companheiros enfrentaram quando viajaram para a China. Durante o período da dinastia Tang, na China (618-907), vários monges budistas japoneses atravessaram mares turbulentos para examinar de perto os ensinamentos de Buda, que haviam sido estudados mais amplamente naquele país. Um desses monges chamava-se Kukai. Nascido por volta de 774, Kukai, além de monge, era engenheiro, erudito, poeta e calígrafo. Com alguns de seus colegas, navegou do Japão até a China em um dos quatro pequenos barcos de um comboio naval, mas a viagem foi muito acidentada e apenas dois barcos conseguiram chegar; os outros afundaram ou se perderam no mar.

Os monges não precisavam ter arriscado a vida dessa forma, mas fizeram isso de boa vontade, pelo desejo de aprender a Verdade dos ensinamentos budistas. Só poderiam retornar ao Japão, após os estudos, caso fossem organizados outros comboios navais para fazer a viagem em alguma época futura. Na verdade, Kukai e seus companheiros sabiam muito bem que talvez não vissem de novo sua terra natal. Apesar desses riscos, eles encararam a viagem como uma experiência preciosa. Era uma oportunidade de entender melhor os ensinamentos de Buda, e eles esperavam poder voltar ao Japão para transmitir esses ensinamentos ao seus compatriotas. Era uma missão espiritual de grande importância; seu cumprimento daria à alma uma experiência de valor inestimável.

Antes de nascermos na Terra, a nossa alma vive no Céu, serena e feliz. Apesar disso, nos dispomos a ousar fazer a arriscada viagem para a vida, enfrentando todos os desafios que isso envolve. Entramos na vida com coragem, sem saber se iremos voltar sãos e salvos, ou se teremos de enfrentar décadas de sofrimento. Fazemos isso porque, do mesmo modo que Kukai, temos certeza de que o resultado valerá a pena em termos do progresso da nossa alma, e também na esperança de que possamos ser muito úteis aos outros.

Ao atravessarmos o corpo da nossa mãe para nascer, todos nós esquecemos quem éramos nas encarnações anteriores. A pessoa pode ter sido um grande líder religioso ou um artista, um camponês ou um rei. Mas depois que nasce de novo esquece todas as experiências adquiridas anteriormente e tem de começar do zero, de novo, lidando com os golpes duros da vida, como qualquer outro indivíduo. Antes de nascer no mundo, cada um escolhe os próprios pais e faz um pacto com eles para nascer algum dia como filho de ambos. Esse pacto com nossos pais também é esquecido, assim como os acertos feitos com almas irmãs antes da viagem. Numa nova encarnação, quase nunca reconhecemos nossas almas parceiras e ficamos inconscientes dos vínculos que tínhamos com elas antes. Todas as almas, não importa a vida que tenham tido anteriormente, precisam passar por essa jornada de autodescoberta. Ao entrar neste mundo, começamos o treino espiritual da nossa alma sob uma forma totalmente nova. É um novo início, a partir do zero.

Quando nascemos, enquanto os parentes e amigos celebram o fato com nossos pais, todos felizes e sorrindo, nós, bebês, quase sempre estamos chorando. Para os presentes, o choro do bebê é um bom sinal, pois indica que tem pulmões saudáveis. No entanto, o que eles talvez não saibam é que o bebê está chorando com a sensação de alívio da alma, por ter enfrentado e superado os muitos perigos presentes durante a concepção e o crescimento. Nesse estágio, apesar de aliviados por termos finalmente conseguido iniciar nossa encarnação, também nos sentimos ansiosos em relação à jornada da vida que temos pela frente. Nossa ansiedade vem da compreensão instintiva das muitas dificuldades que acompanham uma vida na Terra.

Em cada encarnação, atravessamos esses momentos terríveis não uma, mas duas vezes. Quase todos choramos ao nascer, e muitos também se entristecem com a perspectiva da morte. As pessoas próximas daquela que vai morrer também derramam lágrimas, porque todos sentem tristeza quando alguém parte desta vida. No processo de nascer, percorremos um caminho escuro – o canal por onde nascemos. Na morte, a alma também percorre uma estrada escura, assustadora, ao passar para o mundo espiritual. Assim, nossa coragem é duplamente testada – no nascimento e na morte. E por quê? Para ver se temos a coragem de ingressar num mundo desconhecido e começar uma vida nova outra vez, totalmente a partir do zero.

A Vida É uma Escola

Durante a vida terrena, acumulamos experiências valiosas, e todas elas se destinam a aprimorar a alma. Por meio dessas experiências – no trabalho, na família e em todos os nossos relacionamentos –, nossa alma pode se tornar mais educada, elevada e refinada, antes de voltar ao mundo espiritual. Como resultado, podemos nos transformar em indivíduos de grande caráter e de uma profundidade razoável. Você descobrirá que todas as coisas positivas e negativas da nossa vida presente ganham outro sentido quando compreendemos que tudo isso constitui a razão pela qual estamos aqui.

Por exemplo, muitos de nós, que nascemos na era atual, temos experiências e ocupações que sequer existiam nas nossas encarnações anteriores. Em comparação com épocas passadas, muitas pessoas vivem hoje uma vida muito mais fácil e confortável, além de terem a oportunidade de viajar e conhecer e trabalhar com pessoas de outros países. Quando olhamos para o mundo de uma perspectiva mais elevada, percebemos que tivemos a sorte de ter nascido nesta época, que nos permite acumular tantas experiências.

Na maioria dos casos, encontramos o mundo muito mudado em relação à nossa vida anterior na Terra, e as diferenças são desconcertantes. As almas que nascem hoje encaram uma era muito mais avançada tecnologicamente.

As pessoas podem viajar grandes distâncias por boas estradas e até voar para outros países. Podem ter novas experiências, desfrutar de diversões fascinantes, conhecer maneiras de aprender sempre novas e contar com oportunidades de lazer pessoal bem maiores. É com essa expectativa de experiências únicas que nossa alma nasce hoje na Terra.

Nossas novas experiências na Terra também incluem desafios. Todos, sem exceção, irão enfrentar dificuldades relacionadas a trabalho, questões financeiras, saúde ou uma série de outros problemas. É natural querer escapar desses confrontos. A vida às vezes parece se resumir a sofrimento e dúvidas, a ponto de você pensar: "Já tive o suficiente disso e nunca mais quero experimentar de novo". Por exemplo, uma pessoa que tenha sofrido de alguma doença por tempo prolongado sabe o quanto desejou escapar das intermináveis consultas, internações e remédios. É horrível ficar doente por dias, meses ou anos, e sem dúvida é frustrante ver que seu corpo não se move ou não tem o desempenho que poderia ter. Algumas pessoas são obrigadas a passar anos em cadeira de rodas ou têm problemas de mobilidade que exigem o uso de muletas ou bengala.

Na sua ocupação, também, as coisas nem sempre funcionam do jeito que se gostaria. Muita gente acaba sendo despedida do emprego, às vezes devido a situações completamente fora do seu controle. Perder um salário regular cria dificuldades domésticas, obrigando todos a fazerem sacrifícios ou a trabalharem mais para poderem pagar as contas.

Seu espírito guardião e suas almas irmãs estão observando você com expectativa e ansiedade. Eles ficam preocupados quando você comete erros na vida, quando está doente ou sofre algum acidente, ou nas épocas em que enfrenta problemas de relacionamento. Mas acumular essas experiências é importante, e os riscos e perigos são parte inevitável do processo. Mesmo que a vida termine relativamente cedo, devido a alguma doença fatal ou a algum acidente trágico na infância, as situações enfrentadas e as lições aprendidas serão vitais para a experiência da alma.

O gênero também oferece importantes oportunidades de aprendizagem. Uma alma não precisa vir sempre como homem ou como mulher, e pode alternar de sexo. Algumas almas encarnam nos dois gêneros a fim de experimentar essas diferenças no nível material. Só assim a alma pode compreender os problemas e as dores de cada sexo. Outras almas, no entanto, podem encarnar repetidas vezes no mesmo gênero, para obter o máximo de experiência de vida dentro dele. Há almas que decidem trabalhar em ocupações similares várias vezes, por encarnações seguidas, e algumas dessas ocupações são mais próprias de determinado gênero. Em última análise, o que define o sexo e as circunstâncias da nova encarnação é a necessidade de crescer e acumular novas experiências, de se desenvolver e ganhar melhor compreensão. Quando você examinar essas situações e se perguntar "qual o propósito da minha vida aqui na Terra?", espero que comece a ver que existe algo de valor a ser aprendido, mesmo nas situações difíceis ou traumáticas. A verdade simples é que os seres humanos nascem várias vezes neste mundo a fim de ganharem experiências vitais para a alma.

Quando a pessoa morre, a vida que acabou de viver fica preservada eternamente na memória da sua alma. Sem as experiências adquiridas como ser humano que viveu neste mundo, você não poderá enriquecer a experiência da sua alma nem contribuir para sua iluminação. Ao reconhecer totalmente a Verdade, ou seja, que você possui de fato uma vida eterna, conseguirá lidar com todas as preocupações, provações e atribulações que o afetem na vida presente. Nós cumprimos o ciclo de reencarnação repetidamente – dezenas, centenas de vezes ou até mais. Nesse percurso, aprendemos e acumulamos experiências diversas. Cada vida é diferente da anterior, e assim precisa ser, porque, se uma alma vivesse as mesmas circunstâncias em suas vidas sucessivas, não seria capaz de reunir as experiências necessárias para crescer e evoluir.

Encontrar o Tesouro Escondido nos Desafios

É natural que as pessoas queiram evitar sofrimentos e frustrações na vida. Ao enfrentar dificuldades, ficamos imaginando por que temos de passar por uma experiência tão sofrida. Mas, quando vista a partir do outro mundo, a situação é bem diferente. Lá, as almas que insistem em escolher uma vida difícil são respeitadas como almas de elite. As que estão prestes a embarcar em novas encarnações planejam ativamente passar por muitas tribulações durante sua encarnação terrestre, a fim de poder se fortalecer e melhorar, exercitando a paciência e a realização de feitos difíceis. Quando os adultos vão a um parque de diversões, muitos acham as atrações do tipo montanha-russa assustadoras. As crianças, no entanto, adoram brinquedos desse tipo. Isso é natural, porque elas não têm essas experiências em casa ou na escola. Só no parque de diversões é que tais emoções podem ser vividas. É mais ou menos assim que algumas almas escolhem situações difíceis e até mesmo assustadoras, a fim de experimentar as sensações associadas a elas, com o propósito de se aprimorar.

Seria difícil, se não impossível, planejar uma vida que não tivesse traumas nem dificuldades. Na verdade, uma vida assim seria praticamente inútil para o crescimento da alma. Poucos problemas, poucos tesouros. Uma pessoa que vivesse sem adversidades seria incapaz de ganhar o tipo de sabedoria que se adquire apenas ao experimentar contratempos e dificuldades.

Nossa alma passa por diferentes tipos de experiências no decorrer das diversas encarnações. Ela nos ensina lições, nos faz aprender coisas importantes, mas talvez você não seja capaz de compreender a causa de seus problemas simplesmente olhando para a vida que leva hoje. Na sua vida atual, por exemplo, você pode ser vítima de um crime violento ou fatal, ou até se tornar criminoso. Quando enfrentamos esse tipo de dificuldade, invariavelmente o que é significativo é o acúmulo de vidas passadas. Só quando estiver de novo numa posição que lhe permita examinar com atenção certo número de vidas é que poderá entender que existe algo vital a ser aprendido com as experiências difíceis.

Cada existência apresenta questões que precisam ser enfrentadas e avaliadas. Cada pessoa traz seu "caderno de exercícios da vida", com um certo número de temas a serem trabalhados, ou seja, uma lista de experiências que o indivíduo irá vivenciar. Elas podem ser do tipo "envolvimento com o crime aos 22 anos", "doença aos 44 anos" ou uma série de outras possibilidades. Todos nós temos lições espirituais para aprender. Por exemplo, se você foi incompetente ao criar seus filhos numa determinada encarnação, na próxima poderá escolher uma vida sem filhos para conhecer essa experiência de outro ângulo e ter condições de avaliar seu aprendizado no conjunto dessas várias vidas.

Para poder adotar a atitude correta e ver sua vida por essa perspectiva, você precisa aceitar a única Verdade essencial – que os seres humanos têm vida eterna. Aceitar que vivemos para sempre nos dá a certeza de que a morte não é o fim da nossa existência. Não importa se morremos por acidente, doença ou morte natural em idade avançada, nossa alma continua a existir.

Sua Alma É Quem Você É

Parte dessa informação pode soar estranha aos seus ouvidos, e talvez seja difícil aceitá-la, mas acredite quando digo que o corpo e a alma não estão separados durante a encarnação terrena. Ao contrário, eles constituem uma unidade. Esta é uma visão budista, e costumo falar a respeito dela com frequência. Uma analogia útil para explicá-la é a do carro e seu condutor. O corpo é o veículo e a alma, o condutor. Um carro se move porque o condutor opera os controles certos. Um carro não serve para nada se não tiver alguém para guiá-lo. E, sem o carro, o potencial condutor não sairá do lugar. Do mesmo modo, para atuar no mundo você precisa de um corpo e de uma alma.

Para conseguir maior felicidade, é necessário dar um passo adiante e compreender que sua alma é o seu verdadeiro eu. Usando outra analogia, seu corpo é como uma roupa que você veste. Na morte, você abandona a roupa, e na reencarnação é como se adotasse uma roupa diferente para a nova vida. Muitas pessoas caem na armadilha de acreditar que a alma e o corpo são duas entidades separadas, em constante conflito. Mas nossa verdadeira identidade é a alma – que é nosso corpo espiritual – e o corpo físico é apenas o seu traje exterior removível. Se conseguir elevar sua consciência até esse nível e mantê-la aí, irá experimentar uma grande felicidade.

Enquanto vivemos nossa existência terrena, é natural que encaremos o mundo como o nosso lar. Mas não é bem assim. Na verdade, o Mundo Real é "o outro mundo", seu lar espiritual, onde suas almas irmãs lhe darão as boas-vindas quando a encarnação terminar. E embora você possa gostar da experiência de ocupar um corpo humano por um tempo, seu verdadeiro lar está no mundo espiritual.

Isso talvez não lhe pareça óbvio, e você pode se perguntar: "Então por que as pessoas sofrem quando chega a hora da morte?". Voltando à nossa analogia do corpo como uma roupa, é normal a pessoa ficar triste quando uma jaqueta, uma malha ou uma calça que ela adora fica velha demais e precisa ser jogada fora. Usamos algumas roupas por bastante tempo, e nos sentimos confortáveis com elas. Mas depois aceitamos que é preciso comprar uma roupa nova e nos adaptamos a isso. Assim ocorre também com o nosso corpo: estamos habituados a ele, mas ele não serve para nada no lar espiritual, e por isso temos de abandoná-lo.

Vamos explorar mais essa analogia. Se lhe pedirem que escolha entre a sua vida e as suas roupas, não importa o quanto você adore aquilo que está vestindo, sempre irá escolher sua vida. Na verdade, diante dessa escolha, você ficaria até feliz em abrir mão das suas roupas, mesmo que fossem de uma excelente grife. As roupas podem ser substituídas, mas a vida é preciosa. Com a morte do seu corpo físico ocorre algo similar; trata-se apenas de jogar fora sua roupa a fim de poder continuar a vida eterna.

Quando pensar na sua partida deste mundo, procure não ficar triste. Ao contrário, encare a morte como um passeio até um lugar novo – ou, melhor ainda, como uma viagem de volta para casa. No outro mundo, os anjos dão as boas-vindas às pessoas que acabam de falecer dizendo: "Nós reconhecemos seu esforço. Deve ter sido difícil trabalhar fora do seu verdadeiro lar. Seja bem-vindo de volta". Suas almas irmãs também estarão lá para recebê-lo. Elas sabem que sua vida foi árdua e vão pedir para você relaxar e ficar à vontade.

Seria maravilhoso se você passasse a viver a vida sob essa nova perspectiva. A morte significa apenas jogar fora um corpo físico, que pode muito bem já estar debilitado pela doença ou pela idade. Não significa absolutamente que "você" esteja chegando ao fim.

Encontrar o Tema da Sua Vida

Quando você aceita a eternidade como um fato e como o propósito do seu tempo aqui na Terra, toda a sua visão do mundo começa a mudar. Em vez de se intimidar com as adversidades e dificuldades, talvez até comece a gostar delas. Se passar a se exercitar mais, é exatamente desse modo que poderá se sentir. É como começar a fazer exercício físico: seus músculos podem doer muito, mas quanto mais você se exercita, mais seu corpo se ajusta, e logo você passa a se sentir mais satisfeito.

Essa nova visão lhe permite adaptar-se e ver as coisas de uma perspectiva mais elevada. Vamos dizer que você está enfrentando grandes dificuldades domésticas e pessoais, e sente que o seu casamento não está mais valendo a pena. Com a nova visão, ganha-se a capacidade de avaliar as coisas de um ponto de vista objetivo e de mudá-las. Agora você é capaz de ver as dificuldades de seu relacionamento como uma lição de seu caderno de exercícios. E também pode considerar que seus problemas atuais representam lições trazidas de outra encarnação, que agora você tem a oportunidade de corrigir.

Todas as pessoas têm em sua personalidade certos padrões de comportamento e inclinações específicas. Quando as pessoas enfrentam situações semelhantes a experiências passadas, tendem a se comportar da mesma maneira. É mais ou menos como ocorre com aviões, navios, carros e trens. Da mesma forma que cada tipo de transporte tem seu modo de operação e de condução particular, as pessoas também têm hábitos únicos ao lidar com certas circunstâncias. É bem possível que você tenha lidado com alguns problemas em outras encarnações usando sempre uma estratégia parecida, e, se refletir um pouco, irá compreender esse fato. Assim, em vez de deixar que os mesmos velhos problemas se instalem de novo, é melhor encará-los agora, nesta sua encarnação presente.

Uma dica para saber quais podem ser essas questões é examinar sua vida aqui na Terra. Existem certos problemas que não só são trazidos de uma vida para outra, como também tendem a predominar enquanto você está aqui nesta sua vida presente. Olhe para si mesmo e para a sua vida e veja se é esse o caso. Cada vez que você enfrenta um problema recorrente, analise-o, aprenda algo com ele e tente superar suas fraquezas, sejam quais forem, procurando se enxergar objetivamente.

A Vida É uma Série de Lições

Agora que sabemos que o propósito de viver neste mundo é ganhar novas experiências e aprimorar nossa alma, vamos examinar como podemos aplicar esse conhecimento à nossa nova vida aqui no mundo material.

Existem dois objetivos básicos na vida. O primeiro é a autodescoberta. O fato de você ter nascido com um caráter único é uma indicação de que deve se esforçar para descobrir que espécie de vida deveria estar vivendo. Ao fazer uma exploração de si mesmo, você acaba entendendo por que nasceu com suas características e talentos específicos e compreende o tipo de vida que adotou. Ninguém escapa dessa jornada de autoexploração e autodescoberta.

O segundo objetivo da vida tem a ver com a sua maneira de interagir com os outros, ou seja, com o tipo de papel que você desempenha no relacionamento com as pessoas próximas e com a sociedade em geral. Se examinar com atenção suas interações com o mundo, aprenderá muito a seu respeito. Se você vivesse totalmente sozinho, seria difícil ou até impossível que aprendesse alguma coisa importante a seu respeito. Só vivendo rodeado por todo tipo de indivíduos, com ideias e maneiras de pensar diferentes, quer goste deles ou não, é que poderá aprender algo relevante a respeito de si próprio. Com uma atenção constante, você pode aprender pela observação das diferentes características dos indivíduos, perceber se o seu pensamento é preconceituoso ou bem ajustado, e com isso tornar-se uma pessoa mais equilibrada.

As outras pessoas nem sempre são agradáveis ou se comportam de modo conveniente, mas mesmo assim as lições que elas podem nos ensinar são fundamentais. Cada um de nós deve se esforçar ao máximo para sentir-se grato por essa oportunidade, porque por meio dessas pessoas somos capazes de aprender mais a respeito de nós mesmos como indivíduos. Às vezes encontramos indivíduos que têm comportamentos radicais, e achamos até difícil acreditar que alguém com opiniões assim possa existir. Mas não importa o quanto você possa ficar satisfeito, surpreso ou até chocado, é essencial que existam ao seu redor pessoas com essa gama de personalidades. Elas são os espelhos pelos quais você ganha uma visão abrangente de si mesmo.

Essa é uma das razões pelas quais vivemos em comunidade. Se não houvesse mais ninguém por perto, não poderíamos aprender absolutamente nada a respeito de nós mesmos. É por isso que Deus fez o mundo. Ao criar um lugar no qual os seres humanos podem se aprimorar através das suas interações com os outros, Deus aprofunda o nosso autoexame e oferece uma gama de possibilidades a todos nós.

O Mundo aos Olhos de Deus

À medida que sua mente espiritual e religiosa for se aprofundando e suas habilidades se desenvolverem, você acabará observando um fato curioso. Descobrirá que começa a desenvolver duas percepções em relação ao mundo: a percepção das diferenças e a percepção da igualdade.

Com o refinamento espiritual e a experiência, tornamo-nos mais capazes de perceber as diferenças entre os vários indivíduos. Todo mundo é único e possui qualidades individuais inatas. Cada um de nós manifesta de várias maneiras sua verdadeira natureza, sua natureza divina e suas habilidades. Você verá como fica cada vez mais fácil identificar o nível que os outros alcançaram em sua jornada pela vida e como cada pessoa tem realizações únicas. Isso é o que eu chamo de percepção das diferenças.

Ao mesmo tempo, descobrirá que também desenvolve uma percepção da igualdade. Apesar de toda essa variedade de pessoas, começará a perceber que, mesmo pensando e agindo de maneira diferente, todos os seres vivos têm valor igual. Com a experiência e a meditação nasce também a compreensão de que todas as demais formas de vida, cada planta e cada animal, possuem uma força vital luminosa, e que cada entidade, assim como o ser humano, está empreendendo seu próprio desenvolvimento espiritual. Essa compreensão pode vir de repente e é indescritivelmente mística em suas implicações; você vai começar a entender os pensamentos e sentimentos dos animais e das plantas à sua volta. Como nós, os animais formam famílias e lutam para encontrar alimento suficiente. Também dependem uns dos outros, com alguns assumindo tarefas cruciais e outros desempenhando papéis de apoio. Com a experiência virá a compreensão, e você será capaz de reconhecer a igualdade que existe ao longo de toda a criação. É isso o que eu chamo de percepção da igualdade.

Quando você é capaz de captar o sentido dessas duas visões opostas – a percepção das diferenças e a percepção da igualdade –, também percebe que ambas são integradas. Esse conhecimento equivale a ver a realidade pelos olhos de Deus, a sempre enxergar as coisas por dois lados e com grande compaixão. Adotando essa perspectiva ampla, você começará a perceber a dor e o sofrimento que existem em todas as manifestações da vida, e também a entender o valoroso esforço que todas as formas de vida fazem para sobreviver. Desde a menor criatura unicelular até as avançadas formas de vida dos seres humanos, todos têm sua dor e sofrimento para suportar, mas todos emitem aquela luz espiritual essencial, pois vivem juntos na Terra. Isso pode parecer muito triste, mas ao mesmo tempo é imensamente reconfortante. Todos parecem carregar o fardo do sofrimento, mas, ao mesmo tempo, tudo é luminoso e cheio de esperança.

Dominar bem essas duas visões opostas mas harmoniosas representa um passo essencial no caminho da iluminação. No início, sua percepção tanto das diferenças como da igualdade torna-se muitas vezes exacerbada, mas isso é apenas metade da sua tarefa. Depois é preciso ir além e integrar os dois conceitos, sustentando ambos como iguais e indivisíveis.

O processo de unificar esses elementos aparentemente contraditórios e ganhar uma compreensão multidimensional do mundo envolve muitos dos estágios necessários à iluminação. É por isso que esse nosso mundo não é isolado, mas está, na realidade, diretamente ligado a outro, o Mundo Real. O mundo material no qual vivemos oferece apenas um vislumbre da realidade. O caminho da evolução espiritual estende-se desse mundo até o Mundo Real, de onde tudo se originou e ao qual tudo irá voltar.

Superar Seus Limites

É inevitável que você experimente certo grau de preocupação e dor em sua vida, mas essas dificuldades são na verdade bênçãos disfarçadas. Assim, em vez de lutar contra a dor, as aflições e as injustiças, tente compreender o valor da luta e sentir-se grato por ela. Afinal, se você não tivesse nenhuma preocupação, não teria nenhuma oportunidade para progredir em sua jornada espiritual. Nem todos os problemas têm solução, mas você precisa tratar até mesmo as dificuldades insolúveis como oportunidades que abrem a possibilidade de um progresso infinito.

Não é preciso lamentar o fato de sua vida ter sido uma sequência de fracassos, pois o fracasso sempre contém as sementes da próxima criação, é o germe de um futuro crescimento. Se você mudar a maneira de ver a si mesmo – por meio do progresso e do crescimento trazidos pelo autoexame –, isso já constituirá um desenvolvimento da sua alma. E é para conseguir essa transformação que você nasceu neste mundo. Na verdade, se você consegue transformar a consciência que tem de si mesmo, é sinal de que alcançou a iluminação e o sucesso para a sua alma.

Eu experimentei muitas transformações na maneira de me ver. Em 1985 comecei a publicar uma série de livros sobre as mensagens espirituais que recebia de Espíritos Divinos. Depois de publicar três livros, imaginei que já havia feito o suficiente e que minha missão estava cumprida. Disse a mim mesmo: "Transmiti a Verdade, e isso é suficiente para justificar minha presente encarnação neste mundo". Achava que, mesmo que fosse morrer logo, já teria concluído o trabalho que pretensamente tinha vindo fazer. Já havia falado às pessoas sobre a existência do mundo espiritual e sobre os seres que viviam ali. Tinha sido capaz de publicar as mensagens espirituais dos Espíritos Divinos e até de Jesus Cristo. Mas estava equivocado: não se tratava do fim da minha missão. Na época, nem imaginava que iria continuar tão ocupado quanto estivera, e mesmo agora sei que ainda não concluí minha tarefa.

Você pode achar que chegou ao seu limite, mas logo verá como surgem novas oportunidades e tarefas necessárias. Mesmo que tenha certeza absoluta de ter ido o mais longe possível, de que não consegue conquistar mais nada e que está impedido de avançar pelos erros cometidos no caminho, logo após ter tido esses pensamentos, em geral você se vê ultrapassando o que via como suas realizações finais e indo além dos seus antigos limites. Sem dúvida, ao cruzar com um muro de pedra na vida, você sofre, mas também pode descobrir maneiras de superá-lo. Recorra a novas ideias para vencer os obstáculos, e, ao fazer isso, descobrirá um caminho adiante.

Foi assim comigo. Depois que meus três primeiros livros foram publicados, achei que meu trabalho estava terminado. E a cada ano me sinto exatamente do mesmo modo. Chega uma hora em que sinto que já transmiti tudo o que precisa ser ensinado, mas então, estranhamente, aparecem novos temas. A razão disso é que as reações das pessoas que recebem meus ensinamentos hoje são diferentes das reações que elas tinham no passado. E num mundo em constante mudança, eu mesmo também mudo, e as reações invisíveis das minhas plateias estão sempre estimulando mudanças dentro de mim.

Ao chegar perto dos 30 anos, sentia-me confiante na minha capacidade física e intelectual. Pensava: "Sou forte, estou fisicamente em boa forma e sou perspicaz. Sei tudo e posso responder a qualquer pergunta". Com o passar do tempo, no entanto, comecei a notar que na verdade havia muitas coisas que eu não sabia. Encontrei situações que não compreendia, e minha confiança diminuiu. A razão disso é que, no início, as pessoas que se reuniam à minha volta estavam interessadas basicamente em questões espirituais. O conhecimento que eu tinha era suficiente para atender às suas necessidades. Mas, conforme nossa organização foi ganhando maior reconhecimento na sociedade e seu número de membros aumentou, passou a contar com todo tipo de gente interessada. Pessoas do exterior começaram a se filiar em grande número. Muitas delas haviam lido meus ensinamentos e ouvido minhas palestras, e eu precisava ter respostas para uma variedade cada vez maior de pessoas. Ao refletir sobre suas reações, fiquei cada vez mais consciente de todas as coisas que eu não conhecia. O fardo da minha ignorância começou a pesar nas minhas costas, e me senti bastante desconfortável.

Embora estivesse convencido de ter conhecimentos suficientes e de que a iluminação que eu alcançara era adequada, apesar de me sentir forte fisicamente e de ter força de vontade suficiente, conforme os anos passavam comecei a achar que não estava à altura da tarefa, e minha confiança sofreu um golpe. Mas sempre que sentia ter atingido meus limites, era capaz de alcançar um nível mais alto. O desenvolvimento espiritual contínuo é sem dúvida um processo misterioso e magnífico.

Um desses processos de autodesenvolvimento no nível espiritual ocorre quando, ao nos elevarmos acima de nós mesmos, começamos às vezes a perceber que os outros não estão conseguindo sucesso em sua busca espiritual. É preciso garantir que estamos sendo de fato objetivos na avaliação que fazemos daqueles ao nosso redor, e às vezes pode parecer que estamos sendo críticos demais. Igualmente, conforme nosso nível de consciência aumenta, o mesmo ocorre com nossa capacidade de perceber os erros e limitações dos outros.

Isso também pode se dar na maneira como vemos a nós mesmos. Quando nos tornamos conscientes de nossas falhas e fraquezas, em geral é porque estamos prestes a sofrer alguma transformação. É sem dúvida muito difícil admitir nossas próprias imperfeições, a menos que estejamos à beira de abandonar nosso ego antigo e prestes a dar um passo adiante. As pessoas que se sentem satisfeitas com sua maneira de ser costumam não perceber seus defeitos. Mesmo que tenham consciência deles, tentam escondê-los da vista dos outros, talvez esperando que suas boas qualidades compensem suas deficiências. Aqueles que acreditam que nunca cometem erros recorrem a esse truque com frequência, mas em geral nem dão importância a esse fato. Conforme sua percepção ficar maior, você cada vez mais será capaz de perceber seus erros antes de chegar a cometê-los.

Você Pode Mudar Seu Destino

Para poder superar suas deficiências, você precisa compreender as tendências da sua alma e seus padrões de pensamento e de comportamento e determinar o curso da sua vida a partir disso. Se me perguntarem se o destino existe mesmo, responderei que sim. Mas não estou dizendo que as pessoas vivem sua vida de acordo com um roteiro rígido, sem margem para improvisação e mudanças. Com certeza, as pessoas têm certas maneiras de se comportar que às vezes são preservadas de uma vida para a outra. Examinando essas atitudes com atenção, podemos prever a direção que a vida vai tomar. É apenas nesse sentido que sugiro que o destino é uma realidade. É possível prever o que pode acontecer a um indivíduo com cinco, dez ou até vinte anos de antecedência.

Com a prática, podemos aplicar o mesmo procedimento à nossa própria vida. Primeiro, temos de olhar honestamente para nossos pontos bons e maus. Assim, teremos condições de prever, até certo ponto, onde são maiores as probabilidades de sucesso e onde é mais provável que fracassemos. Nesse sentido, algumas coisas estão de fato predestinadas. Ao mesmo tempo, porém, é possível superar esse tipo de destino. Você pode mudar as circunstâncias, desde que compreenda os aspectos e as tendências da própria alma, fazendo uma análise cuidadosa de seus pontos fortes e fracos. Para isso, deverá observar a si mesmo e às pessoas ao seu redor. Quando der seu salto adiante, livrando-se do antigo eu, o destino que você tinha guardado para si irá mudar.

Se você tem a impressão de que sua vida é péssima e que seu destino é tão ruim que você quer fugir dele a todo custo, só há uma saída. Você precisa chegar a uma compreensão sólida das motivações e tendências da sua própria alma. Se aprender a fazer isso, será capaz de prever seu futuro e compreender o que precisa fazer para mudar as coisas. E como terá então consciência de algumas das armadilhas que há pela frente, poderá fazer algo para evitá-las.

Olhe para si mesmo com atenção e observe suas ações e seus desejos. Tudo o que precisa saber para educar sua alma e encontrar seu caminho já está presente, mesmo que não seja visível de imediato. Você deve procurar desenvolver novas forças a partir de suas fraquezas. Ao mesmo tempo, também deve tentar descobrir as sementes do fracasso dentro daquilo que você considera seus pontos fortes. Quando conseguir um conhecimento verdadeiro, não tendencioso, de si mesmo, tanto de seus pontos fortes como dos fracos e de como eles afetam seu futuro, estará no caminho de um sucesso duradouro. Assim, embora o destino exista, é bastante possível descobri-lo com antecedência e melhorá-lo.

A Moderação É a Chave do Sucesso

Também existem, no entanto, aspectos do destino em relação aos quais você não pode fazer nada. Ao confrontar-se com eles, talvez precise se conformar. Boa parte do sofrimento que as pessoas experimentam na vida tem a ver com seus desejos excessivos. A maioria de nós tem um desejo muito forte de crescer. Se não fosse assim, não haveria progresso nem melhora no mundo. E é ótimo querer progredir e melhorar. Às vezes, porém, as pessoas desejam coisas que estão além da sua capacidade. Assim, conhecer e aceitar seu destino também implica compreender tanto seus dons naturais como suas limitações.

É difícil para o Demônio, mesmo com todos os seus truques e artimanhas, afetar aqueles que compreendem verdadeiramente a extensão de suas capacidades e de seus pontos fortes e fracos. Aconselho a todos que evitem o excesso de autoconfiança. Aqueles que têm de fato uma boa compreensão de si mesmos, inclusive das suas imperfeições, são muito difíceis de enganar. É bem mais fácil iludir e prejudicar aqueles que não têm consciência de suas limitações. Basta estender uma armadilha no seu caminho e eles caem direto nela. Isso acontece muito com pessoas que acreditam ter uma capacidade infinita.

Na realidade, os seres humanos possuem um potencial infinito, mas pelo fato de terem certas fraquezas que aparecem repetidamente em suas encarnações, enquanto não conseguirem resolvê-las terão de encarar suas limitações. A maneira de superar isso é olhar para os seus pontos fortes e fracos, assim como aos das pessoas à sua volta, e fazer uma observação atenta da vida. Ao cruzar com algum obstáculo que você é incapaz de superar, simplesmente encare-o como uma questão de controlar seus desejos. A moderação é a chave. Aquele sucesso espetacular nem sempre é benéfico para sua alma e pode até levá-lo à ruína, porque provavelmente pelo menos metade dos desejos que as pessoas experimentam são desmedidos e desnecessários.

Controlar seus desejos e contentar-se com um progresso moderado e gradual significa que você dificilmente irá experimentar um grande fracasso. O desejo excessivo é também chamado de "apego", e a felicidade fundamental só pode ser alcançada quando nos livramos dos apegos. É esse o caminho para a felicidade, e ele está aberto a todos.

Pode parecer estranho, mas em muitos casos as pessoas são mais felizes quando não conseguem o que desejam. Isso é um fato. Por exemplo, muitos políticos eleitos sonham em presidir seus países um dia, mas na maioria das vezes acaba sendo melhor para eles que isso nunca aconteça. Quando um político chega ao cargo máximo, surgem muitos comentários sobre o que ele faz ou deixa de fazer; ele é criticado por questões insignificantes e fica então tentando entender por que as coisas precisam ser assim. Imagine não poder abrir um jornal ou ligar a tevê sem ouvir ofensas ao seu nome e críticas a tudo o que você faz. Imagine não conseguir sair de casa a não ser rodeado de seguranças. No final, o que é considerado uma honra sem igual pode levar à maior das infelicidades.

O mesmo pode ser dito sobre os desejos de cada um. Por exemplo, as pessoas que são bem-sucedidas na carreira provavelmente terão dificuldade em se tornar bons maridos ou boas esposas. Algumas pessoas se sentem infelizes porque seus filhos não parecem ser muito brilhantes, enquanto outros pais, cujos filhos são brilhantes, perdem a capacidade de se relacionar com eles e os veem então afetados por carências e tristeza.

Ver a Si Mesmo do Modo Como as Outras Pessoas o Veem

Apesar de enfrentarmos limitações, na verdade não temos nenhuma. As causas das nossas limitações encontram-se dentro de nós, mas a extensão dessas limitações é muitas vezes definida pelas opiniões objetivas das demais pessoas. Se você sente que é incapaz de progredir na vida, apesar de todos os esforços que já fez, precisa encarar a si mesmo de modo mais objetivo.

Você pode decidir não almejar o sucesso material. Talvez se contente em trabalhar em algo que não exija demais de você, mas que lhe dê satisfação. E se ficar satisfeito com um emprego assim, poderá seguir em frente e descobrir sentido na vida em outras áreas, como nas atividades religiosas. Mas se decidir, por exemplo, que quer progredir para ser um dia dono de um grande negócio, não ficará satisfeito com seu atual emprego rotineiro. Cabe totalmente a você decidir o tipo de vida que quer levar, mas se continuar achando que apesar de todos os seus esforços não consegue passar para a etapa seguinte da sua vida, talvez não esteja sendo realista a respeito de aspectos da sua própria natureza. Nesse caso, é importante que procure se ver do modo como os outros o veem.

Para superar suas dificuldades e limitações, também precisa examinar todos os seus problemas de uma outra perspectiva, vendo as situações pelos olhos dos outros. Sempre que sentir que não está progredindo, procure a fundo a razão e tente descobrir que mensagem a situação está tentando lhe transmitir. Seus esforços serão recompensados e lhe permitirão descobrir o próximo passo a tomar para conseguir maior crescimento.

A vida pode ser cheia de problemas, mas se você compreende e aceita totalmente que a vida é eterna, já terá recebido o maior tesouro imaginável. As dificuldades ou sofrimentos que você encontra pela vida representam crescimento para sua alma, e mesmo que lute para resolver um problema, será capaz de fazer dele uma grande experiência. É minha esperança profunda que você desperte para o verdadeiro propósito e sentido da vida, e que esse conhecimento o ajude no desenvolvimento da sua alma.

Capítulo 3

O ALICERCE ESPIRITUAL
DA VIDA

---- ✺ ----

No capítulo 2, tratamos da eternidade da alma e do sentido e propósito de nossas vidas terrenas. Neste capítulo, gostaria de explicar por que é tão vital que cada um aceite e acredite na existência da alma, por que é tão necessário saber distinguir entre o bem e o mal e por que a fé é tão sagrada. Esses são três pontos de referência, fundamentais para nossa educação na espiritualidade.

A ideia de que a vida humana é eterna está além da compreensão da maioria das pessoas. Embora muitos no Ocidente, em parte devido à educação recebida, aceitem o conceito de vida eterna e declarem algum tipo de crença numa vida após a morte, trata-se de algo que está quase no mesmo nível em que uma criança compreende um conto de fadas. Poucas pessoas têm uma compreensão sólida da imortalidade e conseguem se apoiar nela como um alicerce para a vida. Numa sociedade cada vez mais agnóstica, os poucos que de fato aceitam o conceito correm o risco de ser ridicularizados ou confrontados por aqueles que seguem uma doutrina totalmente materialista.

As pessoas que acham o conceito global de espiritualidade difícil de entender podem argumentar que, se Deus existe, por que não nos ajuda a compreender a Verdade da vida? Ou por que temos de passar por dores e sofrimentos e fazer esforços gigantescos simplesmente para compreender a Verdade? No mundo material, temos como evitar que as pessoas fiquem confusas ou sofram acidentes. Por exemplo, colocamos faixas para pedestres nos cruzamentos de ruas movimentadas. A rua é claramente sinalizada e há semáforos com luzes verdes e vermelhas, indicando quando é seguro atravessar ou não. Não seria então sensato que Deus nos oferecesse o mesmo tipo de orientação, para que as pessoas pudessem encontrar seu caminho mais facilmente? Se Deus nos mantém incapazes de compreender a Verdade, é justo que enfrentemos um julgamento após a morte? Para algumas pessoas, parece injusto, irracional e não científico enfrentar esse julgamento final quando elas sequer sabem se existe mesmo vida após a morte.

Na realidade, muitos seres espirituais tentam constantemente nos ajudar a compreender e a tomar as decisões certas. Minha experiência passada e as várias mensagens que recebi do mundo espiritual me ensinaram a acreditar no fato de que nunca estamos sozinhos. Mas entendo que a maioria das pessoas não tem consciência de estar sendo observada por seres espirituais, e é assim que deve ser. Ficaria difícil para elas sentir que estão sendo observadas a todo momento e que cada um de seus movimentos está sujeito a uma análise. Para muitos, isso seria insuportável.

Você já deve ter visto em filmes de tevê aquela sala de interrogatório policial para onde são levados os suspeitos. Em geral, ficam na sala apenas o interrogado e um ou dois policiais. Mas uma das paredes dessa sala possui um vidro especial, que permite a quem está fora dela assistir ao interrogatório, sem oferecer visibilidade a quem está dentro. Essa é uma boa analogia para a situação que existe entre o mundo material, no qual vivemos diariamente nossa vida, e o mundo espiritual, que fica além da compreensão da maioria das pessoas.

Alguns podem achar que é irracional ou injusto que os espíritos no outro mundo nos observem livremente enquanto a maioria das pessoas não consegue vê-los. Mas, com base na minha experiência do mundo espiritual e da influência que ele tem em nossa vida cotidiana, tenho certeza de que é melhor não ver os espíritos nem ouvir suas conversas. Às vezes é extremamente difícil viver uma vida normal interagindo a toda hora com espíritos que habitam outras dimensões. Ter uma consciência excessiva de sua presença e ficar ouvindo a voz deles o tempo todo pode interferir em muitos aspectos da vida.

As pessoas que têm experiências espirituais diretas com as esferas mais elevadas do Céu, como sensitivos, videntes e líderes religiosos, são capazes de ensinar e propagar a Verdade sobre o mundo espiritual àqueles que estão ocupados vivendo sua vida cotidiana. Às vezes, outras pessoas que não costumam pensar em tais assuntos também têm experiências espirituais. Elas evitam que as pessoas na esfera material percam de vez o contato com o Mundo Real, de onde todos viemos e para onde iremos voltar. Mesmo assim, a grande maioria dos indivíduos está impedida de ter experiências espirituais diretas.

Tudo isso protege as pessoas, para que possam viver a vida a partir de seu livre arbítrio. Imagine, por exemplo, que você está escolhendo o que vai almoçar num restaurante e de repente é assediado por um monte de outros clientes, todos sugerindo o que você deve comer. Ficaria difícil escolher o que você quer. Ouvir vozes do outro mundo ou ter contato com os espíritos que habitam ali tornaria impossível para você ter iniciativa ou exercitar sua livre vontade. Deus criou a estrutura e os sistemas do mundo de tal modo que pudéssemos escolher por nós mesmos e ser responsáveis pelas nossas escolhas.

Sob vários aspectos, a vida é como uma corrida de obstáculos, especialmente projetada para cada indivíduo poder concluí-la. Ninguém vai lhe dizer como escalar aquele muro ou como atravessar aquele riacho. Você é livre para fazê-lo como achar melhor, e a forma de completar o percurso irá depender das escolhas que fizer. Mas, no final, seu desempenho será avaliado e julgado, e espera-se que você explique suas ações.

Cada vida individual na Terra é bem curta, ainda mais quando vista da perspectiva do fluxo eterno de vida através de longas eras. Poucas pessoas vivem mais de cem anos, o que não é tanto tempo assim e passa quase sem que você perceba. No período em que está aqui, você vive todo tipo de experiência, e em certos pontos enfrenta dor e sofrimento. Há quatro dores clássicas – nascer, envelhecer, adoecer e morrer –, além do sofrimento de se separar daqueles que você ama e dos desafios decorrentes de ter de lidar com pessoas que odeia. Você sofrerá ainda a dor de não conseguir o que quer e a dor dos desejos físicos que assumem o controle de seu corpo humano. As dores que decorrem de se ter um corpo físico levam, por sua vez, a uma tendência a ignorar a realidade da alma humana. A crença equivocada de que nós, humanos, somos puramente seres físicos, junto com a total dependência dos sentidos, pode levá-lo à ilusão de que você pode ser feliz de verdade simplesmente satisfazendo seus desejos físicos.

Para ajudar as pessoas a superarem essas dores e sofrimentos, as religiões ensinam que é a alma e não o corpo que constitui a essência do eu. Não há nada de novo nesse ensinamento, que tem sido pregado desde tempos muito antigos e continuamente repetido aos fiéis, mas muitas pessoas ainda não se convenceram disso.

A Educação da Alma

Num mundo onde a maioria das pessoas ignora a Verdade, precisamos dar ensinamentos fundamentais sobre a alma, a vida e o mundo. No capítulo 1, introduzi a expressão "professores de almas". Ela costuma ser usada para nos referirmos a alguém que não só nos transmite conhecimento útil, mas que também tem uma profunda influência em nosso caráter. Pessoas assim ajudam a nos aprimorarmos como seres humanos. Mas a "educação da alma" está além do nível da educação moral. Tem um sentido mais profundo, de uma educação sobre todos os elementos da vida.

Educação da alma é educação sobre a existência da alma. Esse ensinamento se baseia no entendimento absoluto de que a alma é a verdadeira natureza dos seres humanos. Também nos instrui a respeito de como educar, treinar e transformar a alma. O ensino de ética e moralidade é fundamental, mas reconhecer a presença e a importância da alma é imperativo e constitui uma das principais lacunas nos sistemas educacionais da maioria das culturas atuais.

Para quem estudava religião ou filosofia há mais de 2.000 anos, a realidade da alma era soberana, mas à medida que nos aproximamos da era moderna, os conceitos de espírito e alma tendem a desaparecer de vista. Em épocas mais recentes, a ênfase passou para as funções do cérebro e do sistema nervoso. Além disso, a ignorância a respeito da alma e o modelo mais mecanicista de encarar os seres humanos costumam ser considerados um sinal de maior conhecimento acadêmico e de evolução.

No passado, fazia parte do cerne da filosofia buscar respostas para questões essencias como: "Qual a verdadeira natureza do ser humano?", "O que é vida?" e "Qual o propósito da vida humana no universo?". A filosofia sintetizava todos os campos de estudo acadêmico, mas logo passou a existir uma grande diversidade, e cada subdivisão ganhou autonomia. Surgiram vários especialistas, cada um concentrado em sua área de estudo, e o número de pessoas que tinham uma perspectiva mais abrangente decresceu sensivelmente.

Nos tempos modernos, a disciplina da filosofia tornou-se muito complexa. Ela inclui agora conceitos matemáticos e um profundo estudo da lógica. Como consequência, não podemos mais purificar a alma ou obter iluminação por meio do estudo da filosofia. Ela mudou radicalmente e perdeu seus preceitos originais, em detrimento próprio.

Se examinarmos, mais atrás no tempo, as obras de Platão, fica claro em seus escritos que esse antigo mestre da filosofia afirmava a existência da alma. Embora Platão ainda seja estudado e citado, a grande maioria dos que hoje entram em contato com suas ideias não teve as mesmas experiências espirituais com as quais se supõe que o próprio Platão estivesse familiarizado. Assim, os modernos "especialistas" em Platão raramente ou nunca mencionam esse seu conceito de alma. A começar por Descartes e Kant, a tendência de separar o corpo físico da alma foi se fortalecendo cada vez mais. Sob certos aspectos, isso foi positivo, porque os filósofos modernos ajudaram a desenvolver o mundo acadêmico e a trazer especialização aos seus campos de saber. Mas também é verdade que a filosofia, em grande medida, perdeu de vista a verdadeira natureza da existência humana. Uma situação semelhante é evidente na religião. No passado, os fundadores de religiões tinham todos uma boa compreensão da existência da alma. Hoje, centenas de anos se passaram e até pessoas sem experiência espiritual pessoal se tornaram líderes religiosos. Elas aprendem religião nos livros ou fundam organizações religiosas simplesmente para poder realizar cerimônias rituais. Em muitos casos, a religião se esqueceu da alma e se separou de seu núcleo original, espiritual. Com efeito, a religião acabou virando uma disciplina acadêmica – algo que existe por escrito e sobre o qual é possível ler. Ao longo do caminho, ela perdeu muito, se não toda a sua substância.

Examinando as tendências puramente acadêmicas que gradualmente invadiram a religião e a filosofia, fica claro para mim o que devem pensar aqueles que habitam o Céu. Para eles, é essencial que as pessoas na Terra recebam uma vez mais ensinamentos a respeito da realidade da alma. Sem esse conhecimento da alma e da sua imortalidade, as pessoas perdem de vista a verdadeira natureza e a essência da vida. Elas não entendem por que nasceram no mundo físico – para viver, ter experiências e por fim morrer. Sem saber qual é o verdadeiro propósito da vida, os indivíduos nunca serão capazes de definir a maneira certa de viver. Sem conhecimento da alma, nenhuma questão sobre vida ou morte fará sentido e nenhuma quantidade de observação desse mundo material irá fornecer respostas reais.

Uma filosofia que se popularizou no final do século 19 e que influenciou a filosofia moderna é o existencialismo. No seu cerne está a ideia de que os humanos são lançados ao mundo por acaso, quer eles gostem ou não. Como consequência, argumenta o existencialismo, as pessoas não têm outra escolha a não ser viver às cegas, como se tateassem no escuro, intranquilas e sem ideia do que fazer. A influência do existencialismo na filosofia moderna se apoia nesse último aspecto, isto é, que os seres humanos não têm a menor ideia de quem são, por que estão aqui ou qual deveria ser sua preocupação durante a vida na Terra. Ou seja, somos como crianças que de repente se veem sentadas na carteira da primeira série do ensino fundamental sem saber absolutamente como foram parar lá ou o que deveriam fazer ali.

Esse tipo de filosofia é completamente irrelevante para a verdadeira perspectiva da vida, para o seu propósito e para a missão que eu ensino. Você é livre para pensar como quiser e aprender o que quiser. Mas existe apenas uma Verdade: os seres humanos são seres espirituais, e esse fato não pode ser ao mesmo tempo verdadeiro e falso.

O que precisamos aprender de fato é que as pessoas nascem neste mundo várias vezes e que suas diversas encarnações têm o propósito de treinar suas almas por meio do ciclo de reencarnações.

O que eu chamo de alma é o ser espiritual ou a energia que reside no corpo físico. Corpo e alma combinados constituem o ser humano completo. Com frequência, nossa energia espiritual se estende um pouco além de nosso corpo, formando uma aura, mas em termos gerais essa energia adota a forma humana e se encaixa perfeitamente no nosso corpo físico. Essa energia espiritual que habita cada um de nós é o que eu chamo de alma.

A questão crucial, sem dúvida, é se a alma realmente existe. Se ela não existe, significa que apenas o nosso corpo físico está vivo. Mas, se não fosse pela alma, os seres humanos seriam pouco mais do que máquinas. E as máquinas só podem se mover e funcionar quando são usadas por alguém para um propósito específico, isto é, quando dispõem de alguém para dirigir suas ações. De modo semelhante, o ser humano também tem um controlador que movimenta seu corpo físico segundo um propósito: a alma. Sem a alma para dirigi-lo, o ser humano se movimentaria de modo aleatório.

Faça a si mesmo as seguintes perguntas: "Estou vivendo de acordo com minha vontade própria? Não estou fazendo escolhas e, em última análise, vivendo a vida que decidi viver?". Você pode pensar por si próprio, decidir o que é bom ou mau e pode também buscar a liberdade. É capaz de procurar caminhos, tomar as decisões necessárias e então viver a vida de acordo com isso, como quem escolhe esquerda ou direita, bem ou mal, certo ou errado. É por isso que somos diferentes de máquinas. É da maior importância que vejamos além da parte física e material de nossa vida, para descobrir o verdadeiro controlador do nosso corpo físico – a alma. Se não fizer isso, você estará na realidade aceitando que não é nada mais do que o funcionamento do seu cérebro e dos seus nervos. Será que uma visão como essa nos permitiria considerar cada uma de nossas encarnações como algo tão precioso? Seria capaz de nos levar a apreciar a dignidade de cada indivíduo e teria nos conduzido ao conceito de democracia ou à crença tão importante de que toda pessoa é sagrada?

As pessoas são sagradas porque foi Deus quem nos deu a vida. A ideia de que todos os indivíduos são importantes porque sua existência lhes foi dada por Deus constitui o cerne da democracia e da justiça social. Os seres humanos são sagrados porque todos temos uma alma única, que pode ser melhorada e polida. A alma pode se tornar mais brilhante com esforço e autodisciplina. Esse é o verdadeiro sentido da sacralidade dos seres humanos.

Cada um de nós tem condições de melhorar a si mesmo imensamente se procurar se aproximar de Deus. Todos temos potencial para crescer por meio de educação, treinamento, autodisciplina e consciência. É essa a dignidade que Deus nos deu e que constitui o supremo privilégio com o qual todos nascemos.

Mas o desfecho da vida será diferente para cada indivíduo. Tudo vai depender do ambiente em que crescemos, da educação recebida, das nossas experiências e do nível de consciência que cada um conseguir alcançar. Pensando em termos de várias encarnações, o progresso de uma alma depende das experiências vividas num certo número de vidas. Na nossa vida presente, o peso desses fatores está oculto, porque em geral não temos ideia da sua importância. São fatores que exercem influência na nossa maturidade espiritual e no nosso nível de consciência. Aqueles que encarnaram muitas vezes e que trabalharam com afinco em seus cadernos de exercícios em cada uma dessas encarnações estarão espiritualmente mais maduros e serão capazes de enxergar através das experiências e captar a Verdade essencial com facilidade. Aqueles que não têm esse tipo de desenvolvimento irão levar mais tempo para alcançar um certo nível de consciência. Apesar disso, cada pessoa é igual e sagrada no sentido de que todos estamos vivendo sob uma mesma lei e sob o mesmo princípio.

Que princípio é esse? É a lei que se aplica ao universo inteiro. É uma manifestação da mente de Deus, dos pensamentos de Deus e das leis da natureza divina. Toda pessoa tem uma natureza divina, ou seja, toda pessoa tem a possibilidade de acabar se tornando una com Deus. Se vivermos segundo as leis de Deus, poderemos chegar mais perto Dele. Ao contrário, se formos contra elas, estaremos vivendo nossa vida terrena de uma forma oposta à vontade de Deus e ficando cada vez mais afastados Dele.

A Verdadeira Distinção entre o Bem e o Mal

Desde que alcancei meu despertar e comecei minha busca espiritual, tive muitas experiências místicas. Durante os anos em que transmiti a Verdade, passei a entender com clareza a real distinção entre o bem e o mal. Esses dois princípios não são nítidos na sociedade atual, e a diferença entre eles às vezes é ambígua. Na realidade, ela é bem tangível. Aquelas pessoas que vivem a vida do lado do bem, ajudando os outros, e que têm bons pensamentos, passam para o mundo celestial. As que vivem sempre no erro, não se esforçam para melhorar e continuam a praticar atos enraizados no mal nunca serão capazes de voltar ao mundo celestial. Ou vão para o Inferno ou passam um longo período vagando num reino próximo deste nosso mundo, por causa dos seus apegos aos prazeres e experiências materiais.

Descobri que a alma, infalivelmente, acaba sendo julgada e considerada boa ou má. Isso se tornou um dos princípios mais importantes no meu próprio caminho de iluminação. As distinções no mundo poucas vezes são tão nítidas. Pessoas de diferentes grupos têm pontos de vista variados a respeito de uma série de assuntos. Nas sociedades democráticas, é a maioria que vence. Outras sociedades em diversas épocas ao longo da história chegaram a conclusões diferentes sobre o que é certo ou errado. Mas, do ponto de vista espiritual, a distinção entre o bem e o mal não está aberta a discussão e não varia nunca.

Uma alma que alcança o Céu não pode ser condenada ao Inferno no dia seguinte, nem pode ficar indo e voltando de um para o outro. O julgamento final de cada alma é feito sem nenhuma dúvida ou confusão. As pessoas podem filiar-se a uma ou outra religião, chamando Deus por vários nomes, adotando diferentes rituais e ensinamentos, mas quando se trata do bem e do mal, todo mundo fica sujeito a um último julgamento, não importa o país, a classe social ou a filiação religiosa. O céu e o mar parecem se fundir no horizonte, mas na realidade não são uma coisa única. O mesmo ocorre com o bem e o mal. Não importa como as coisas pareçam ser, o bem e o mal nunca se misturam; são claros e bem distintos um do outro.

Muitas pessoas passam décadas sem saber a diferença entre o bem e o mal. Vivem como uma criança cambaleando à beira de uma piscina funda. Se a criança se inclinar para a direita, estará a salvo, mas se for para a esquerda, cairá na piscina e estará perdida. Portanto, é vital compreender com clareza a distinção entre o bem e o mal. Para isso, deve-se ter uma firme compreensão da Verdade fundamental: que a alma é a essência de cada ser humano, que ela é eterna e que a sua existência abrange passado, presente e futuro.

Também precisamos entender que, em função dos resultados de nossas realizações espirituais e do nosso treinamento de vida no mundo, acabamos divididos em dois grupos: aqueles que vão chegar ao Céu e aqueles que estão destinados ao Inferno. Ou seja, temos dois destinos bem diferentes à nossa espera. Precisamos conhecer claramente o que é certo e o que é errado e saber que os critérios para o bem e para o mal se baseiam na realidade do Céu e do Inferno.

O outro mundo em grande parte está separado em dois mundos: o Céu e o Inferno. O Céu é o lugar da felicidade e do êxtase, uma Utopia onde as pessoas vivem cheias de luz e onde a felicidade está presente. Pessoas cuja vida gera muita luz, que têm pensamentos cheios de bondade e desejam a felicidade dos outros voltam para este mundo. Já aquelas que vivem apenas para si mesmas e para os seus desejos pessoais, e que não se incomodam em abusar, ferir ou até matar os outros acabam no Inferno.

Se você disser: "Tudo bem, então tudo o que temos a fazer é voltar para o Céu", isso com certeza é verdade. Mas a razão da existência do Céu e do Inferno encontra-se na Terra. Céu e Inferno são criados pela maneira como as pessoas estão vivendo aqui, por seus pensamentos e ações. É por isso que o Inferno não vai desaparecer até que a Terra se torne um lugar ideal. Como não conseguimos isso no mundo material, ficamos apenas adiando e prorrogando para a próxima vida uma tarefa necessária.

Para poder ensinar e definir critérios verdadeiros para o bem e o mal, tenho procurado transmitir as opiniões dos anjos, *bodhisattvas*[1] e *tathagatas*[2], que estão no

---

1. O *bodhisattva* (o termo vem do sânscrito) é um anjo de luz que habita a sétima dimensão do mundo espiritual. Ele é motivado pela compaixão e dedica-se a iluminar e a salvar as pessoas por meio da Vontade de Deus. (Okawa, Ryuho. *The Science of Happiness*. Vermont: Destiny Books, 2009, pág. 13.)

2. O *tathagata* (o termo vem do sânscrito e do páli) é um Grande Espírito Guia de Luz que habita a oitava dimensão do mundo espiritual. Ele é uma personificação da Verdade Absoluta, um ser que manifesta amor pelos humanos e os instrui. O termo implica transcendência da condição humana. (*Ibid.*)

Céu, para as pessoas aqui na Terra. E, como a maioria das pessoas que escolhe um caminho espiritual, também tive minhas batalhas com Demônios e espíritos malignos. Aos poucos, aprendi por que esses espíritos se tornaram almas caídas e como eles podem escapar desse tormento. Mesmo as piores situações que enfrentei na vida tinham algum propósito, pois presenciar o sofrimento extremo daqueles que são degradados me ajudou a trilhar com mais confiança o caminho da Verdade. Com base nessas experiências, tenho sido capaz de ensinar aos outros de que modo podem evitar ser enganados por esses maus espíritos. Meus ensinamentos sempre se basearam na Verdade e nos fatos espirituais que tenho presenciado. A mente humana sozinha nunca vai poder chegar a essas divinas conclusões, e as palavras daqueles que não têm um núcleo espiritual não podem se comparar com a Verdade Eterna que vem diretamente do Céu.

Os seres espirituais conhecidos como Demônios são mencionados nos escritos de muitas religiões, em particular no budismo e em várias denominações cristãs. Os Demônios são almas que estão em oposição às leis e princípios de Deus, que não sentem vergonha de desejar a infelicidade dos outros – são falsas e estão ansiosas para espalhar o desentendimento e a maldade. Tais entidades aparecem em inúmeras doutrinas. Os espíritos maus ou vingativos são mencionados, por exemplo, no xintoísmo japonês, que os descreve como seres que sentem hostilidade pelas pessoas do mundo material. Eles guardam rancor, procuram sempre vingança e ficam felizes em fazer mal aos outros. Seja qual for a religião que os descreva, esses Demônios ou entidades vingativas, que representam as forças em oposição direta à Vontade de Deus, são ativos tanto no mundo material como na esfera espiritual.

Quando estamos à beira da iluminação, espíritos malignos de todo tipo surgem para desafiar-nos e tentar obstruir nosso progresso. A razão é simples: é muito incômodo para as almas atormentadas e para os espíritos malignos que alguém desperte para a Verdade, porque depois que um indivíduo alcança a iluminação, com certeza irá transmitir a Verdade a outros. Os Demônios e espíritos do mal só podem sobreviver e florescer nas trevas. A luz pura dos que estão despertos para a Verdade acaba revelando seus truques e artimanhas. Quando você trilhar o caminho da Verdade e progredir rumo à iluminação, com certeza um exército de Demônios e espíritos malignos procurará impedi-lo de alcançar seu objetivo. Vão tentá-lo com todo tipo de prazeres e desejos terrenos. É por isso que precisamos da luz da Verdade. Quando essa luz brilha sobre os espíritos malignos, eles perdem força e desaparecem.

Nunca devemos permitir que o sucesso mundano nos empolgue demais. Seja qual for nosso status, grau de instrução, reputação, renda ou tradição familiar, é o nosso estado espiritual que será julgado como bom ou mau – a nossa atitude mental –, não importa quem ou o que possamos ser. Mesmo os que têm uma posição social elevada ou desfrutam de muito prestígio, como políticos importantes, presidentes de empresas e sacerdotes ou monges, todos estão sujeitos aos mesmos testes que os indivíduos mais humildes, que passaram a vida numa favela. Aqueles que vivem sempre sob influências espirituais negativas são violentos e têm o coração cheio de inveja, raiva, insatisfação e queixas; eles irão se juntar ao grupo de espíritos malignos quando deixarem esse mundo. Então, procurarão ativamente desencaminhar os outros, do mesmo modo como eles mesmos certamente foram desencaminhados.

Devido ao valor que normalmente se dá às conquistas no mundo material, é fácil ser levado a pensar que uma instituição ou organização é maravilhosa simplesmente por causa dos elogios que recebe. Uma escola, por exemplo, pode ter o mais alto padrão acadêmico, mas há uma enorme diferença entre uma escola que tenha a Verdade religiosa como base e outra que não a tenha. Um executivo pode levar em conta as leis de Deus enquanto seu colega do mesmo grau hierárquico vive uma vida totalmente mundana. A diferença entre esses indivíduos, que à primeira vista parecem fazer o mesmo trabalho, é extraordinária.

Aqueles que despertam para a Verdade aos poucos param de encarar as coisas de um ponto de vista mundano, porque começam a ter consciência da verdadeira natureza dos outros, independentemente de linhagem, faixa de renda ou status social. Essas pessoas tiveram força suficiente para criar uma relativa independência dos valores mundanos, ou, no mínimo, para não permitir serem governadas por eles. É nosso dever não apenas nos educar para as realidades da Verdade, mas também criar nossos filhos com uma consciência constante da perspectiva e dos pensamentos de Deus.

Viver com Fé

Ao refletir sobre o modo de educar nossa alma e sobre a base dessa educação, nunca devemos perder de vista o fato de que a fé é sagrada. Não ter fé religiosa significa negar a existência de Deus. É como se você dissesse: "O mundo não foi criado por Deus e não é governado por Ele". Isso sugere que Deus não tem poder sobre o mundo e que o mundo é um lugar de trevas. Para quem pensa assim, o mundo de fato parecerá sombrio, porque quando uma pessoa se esconde sob o teto da negação, o sol de Deus nunca consegue brilhar sobre ela.

Quem sente maior satisfação quando vê pessoas que não conseguem encontrar a fé ou que a perdem? É o Demônio. Se houver uma negação total da fé em Deus, nosso mundo passará a ser controlado pelo Demônio; ele se tornará o rei do mundo. Um mundo no qual a fé seja ridicularizada e desqualificada é um lugar guiado pelo Demônio. Ter e manter uma fé verdadeira é a característica mais nobre dos seres humanos. Como uma flor maravilhosa, a fé deve ser alimentada e protegida, pois é a maior realização da alma. Precisamos primeiro compreender totalmente a importância da fé e depois transportar seu valor para todas as coisas que fazemos, de modo que um número sempre maior de pessoas tenha fé em Deus.

Essa é a verdadeira educação da alma. Ela depende de reconhecer que a alma é a verdadeira natureza do ser humano, que ela vive eternamente e é aprimorada por meio de muitas encarnações vividas com esforço. E depois de descobrir que a alma é o seu verdadeiro eu, você precisa despertar para a fé. Viva a vida sabendo que a fé é algo sagrado. E quando você brilhar intensamente por meio da prática da fé, permita que essa luz penetre em tudo ao seu redor. Compartilhe-a com o maior número possível de pessoas e faça o máximo esforço para criar uma Utopia aqui no nosso mundo.

Capítulo 4

A BUSCA DA
FELICIDADE

No capítulo anterior, vimos a importância de conhecer a Verdade fundamental e de ter fé. Mas talvez você pergunte com razão: "Qual é a substância da fé e que virtudes baseadas na fé eu devo praticar?". A exploração da Mente Correta responde a essas perguntas. Ela se baseia nas leis da mente e nos Quatro Caminhos Corretos para a felicidade, que consiste em práticas que qualquer um pode aplicar à sua vida. Na Parte 1, iremos nos concentrar nas leis da mente. Na Parte 2, veremos os Quatro Caminhos Corretos para a felicidade.

PARTE 1
A Exploração da Mente Correta

Já perdi as contas de quantas palestras dei ao longo dos anos, mas com certeza muitas delas foram baseadas nas leis universais, na esperança de que aqueles que me ouviam conseguissem, em algum ponto da sua vida, entrar em contato direto com a Verdade e despertassem para ela. Eu escolhia temas que pudessem abrir os olhos das pessoas para a Verdade e levá-las a trilhar o caminho para a felicidade. Em particular, me concentrava quase sempre nas leis da mente em algum ponto da palestra, porque são elas que determinam se as pessoas em última instância serão felizes ou não. É nesse sentido que têm importância crucial.

Um dos objetivos da nossa organização é a pesquisa científica da felicidade, mas o que isso significa exatamente? Significa estudar e explorar que tipo de mente atrai a felicidade. Quando procuramos compreender melhor as origens da felicidade, a mente torna-se o assunto da nossa pesquisa, partindo do pressuposto de que todos os indivíduos têm a mente governada por certas leis universais. Como é possível vivermos com as mesmas leis governando nossa mente se cada um de nós é um indivíduo único, com diferentes experiências, personalidade e talentos? A razão é que Deus existe. Por esse motivo, a mente de todas as pessoas aparentemente independentes da Terra está sujeita ao mesmo conjunto de leis que correspondem à realidade e à existência de Deus.

Há muitos anos venho examinando a atitude mental que atrai a felicidade e a que atrai a infelicidade, e cheguei a uma conclusão bem simples e convincente. Imagine que a mente humana é como um ímã, capaz de atrair limalha ou pó de ferro com sua força magnética. Se a mente está em harmonia com a felicidade, ela irá atrair o pó de ferro da felicidade, e o resultado serão vários eventos positivos. Além disso, descobri também que, assim como um ímã atrai pó de ferro, aqueles que desejam a felicidade dos outros atraem automaticamente a felicidade para si.

Se, ao contrário, temos pensamentos negativos, a mente ganha uma força negativa – em outras palavras, uma tendência a atrair infortúnios – e vai atrair o pó de ferro da infelicidade. Ou seja, surgirão situações negativas. Não há exceções a esta regra. A felicidade nunca virá para aqueles que consideram apenas as próprias necessidades e procuram sua satisfação ou sucesso à custa da felicidade dos outros. O conceito todo é muito simples, e também muito verdadeiro.

Algumas pessoas podem encarar isso como uma ironia num mundo criado por Deus. Podem argumentar que, se queremos água de um poço, simplesmente fazemos descer um balde e puxamos a corda para cima. Como vamos saciar nossa sede se ficarmos o tempo todo dando a água do balde para as outras pessoas? Por que é que alguém se tornaria mais feliz pelo simples fato de se concentrar apenas na felicidade dos outros? Bem, quando digo que você deve almejar fazer felizes as pessoas à sua volta, não estou sugerindo que se sacrifique e tenha uma vida infeliz para que os outros fiquem contentes. Mas o próprio ato de desejar que os outros fiquem felizes em última instância irá trazer felicidade a você também. As pessoas que se concentram apenas em obter o que querem da vida estão na realidade atraindo exatamente o oposto do que querem. O egoísmo não é o verdadeiro caminho para a felicidade: é simplesmente uma interpretação equivocada da Verdade.

Receber a Energia de Deus

Como é possível que o fato de desejar a felicidade dos outros tenha alguma influência na nossa atitude mental? Para explicar isso, quero usar outra analogia extraída da natureza do universo. Embora possa ser invisível para você, o universo está cheio de uma energia espiritual positiva. Essa energia, que não é vista, mas nem por isso deixa de ser muito real, é o poder que traz o progresso e que nunca para de proporcionar prazer e realização às pessoas. É o poder da criatividade e do amor. Agora imagine que essa energia invisível seja um líquido, como a água, e que flua por todo o universo por um imenso sistema de tubos. Um desses tubos vai direto até o coração de cada indivíduo, ligando-o de volta à fonte da energia no coração do universo. Assim como nossa casa está conectada a um fornecimento de água, nosso coração é capaz de desfrutar de um ilimitado suprimento de energia espiritual, sempre disponível.

Do mesmo modo que a água entra na nossa casa, existe à nossa disposição um método para utilizar a energia espiritual. Esse líquido que nos presenteia com vida não terá nenhuma utilidade para nós se não soubermos como abrir a torneira para que comece a jorrar. Igualmente, o infindável fluxo de energia de Deus, apesar de estar sempre disponível para saciar nossas necessidades espirituais e nos trazer satisfação, não chegará a nós se não soubermos ter acesso a ele.

A sua capacidade de abrir a torneira para receber o fluxo de energia que vem do coração do universo, de Deus, depende da sua atitude mental. Quando você adota uma certa maneira de pensar, a torneira se fecha, mas quando você muda seu estado mental, ela se abre e a energia passa a fluir indefinidamente.

Mas que tipo de pensamento garante que essa torneira do poder do amor de Deus será aberta? Se você tem compaixão, é bom, atencioso e preocupado com a felicidade daqueles à sua volta, poderá receber a energia de Deus vinda pela tubulação do vasto universo. Mas se tentar abrir essa torneira apenas para os seus propósitos, a energia acabará parando de fluir. Depois que aprender a receber esse fluxo, precisará ensiná-lo aos outros. Se todos nos concentrássemos em fazer os outros felizes, a energia do amor e da luz de Deus iria jorrar sobre a criação como um manancial inexaurível.

Continuemos com a analogia dos tubos que nos ligam ao amor divino. Sem dúvida, para manter um fornecimento de água adequado à casa, devemos garantir que a tubulação esteja desobstruída. A água, obviamente, não consegue passar por canos entupidos. E o que faz um cano entupir geralmente são os resíduos que vão se acumulando e que limitam o fluxo da água, até uma hora em que ela para de jorrar. No caso dos nossos tubos espirituais, os resíduos são o lixo que acumulamos na mente.

A obstrução é com frequência causada pelo desejo. Não há nada de errado com o desejo em si, pois ele é uma das forças propulsoras da vida. Como qualquer outra coisa, o desejo foi concebido e dado a nós por Deus. Mas até os presentes que Deus nos deu podem ser usados indevidamente. Quando o desejo é usado de forma incorreta, ele se torna um obstáculo e uma obstrução. Em particular, o desejo vira um problema quando seu uso prejudica os outros. Nesse caso, ele dificulta e bloqueia nossa comunicação direta com Deus a tal ponto que a energia infindável que flui em nossa direção acaba parando de chegar até nós.

Os desejos egoístas podem distorcer e contaminar a energia pura que vem de Deus. Embora a energia do universo seja essencialmente clara e pura, magnífica e bela, pode ficar contaminada no processo de fluir até este mundo, da mesma maneira que os detritos acumulados nos canos vão aos poucos contaminando a água quando esta passa por eles.

Na verdade, o conceito é muito simples: sua felicidade depende do grau em que você sintoniza as vibrações da sua mente com as de Deus. Adotar a atitude mental correta e agir do modo correto garantem que o seu receptor fique sempre sintonizado ao transmissor de Deus. E quais são os sinais que vêm de Deus? São amor, sabedoria, coragem, justiça, esperança, prazer, liberdade, igualdade, lealdade, progresso e uma série de outros dons vitais. Tudo o que você precisa fazer é sintonizar sua mente para fazer a conexão com Deus, e então será capaz de receber a energia infinita de luz.

A Retidão Suprema

Há uma lei que, se for bem estudada e aplicada, permite a você receber a energia de Deus e experimentar a verdadeira felicidade. É uma lei que eu chamo de Exploração da Mente Correta. Nesse contexto, a palavra "correta" refere-se a uma atitude mental que esteja de acordo com as leis do Deus Primordial que criou o universo.

Essa retidão que eu ensino não corresponde necessariamente a resultados de pesquisas ou estudos científicos; ela se baseia na existência de Deus e do mundo espiritual. Aquilo que é correto no mundo da fé é eterno, imutável e bem diferente das coisas que muitas vezes são consideradas como verdades temporárias na vida diária e até na ciência.

A ciência, no sentido terreno da palavra, pode nos ser muito útil. É um parâmetro que permite fazer julgamentos terrenos, mas que não é capaz de explicar tudo. Uma coisa considerada correta em termos científicos é muitas vezes apenas uma teoria, e nem sempre comprovada. Por exemplo, a ciência afirma que a humanidade surgiu há vários milhões de anos e que os hominídeos se separaram do ramo dos primatas superiores há 4 milhões de anos, mas ninguém apresentou uma prova concreta dessa teoria. E algumas instituições de ensino a expõem como um fato.

Para evitar conflitos desnecessários, é aceitável seguir as regras da sociedade em situações particulares, por exemplo quando frequentamos a escola. Assim como

Jesus Cristo uma vez olhou para uma moeda que trazia a imagem da cabeça do imperador romano César e disse aos seus seguidores: "Dai a César o que é de César e a Deus o que é de Deus" (Mateus, 22: 21), há certas coisas que seguem as regras do mundo material. Não faz sentido discuti-las, já que, em muitos aspectos, ao aceitá-las, nossa vida transcorre sem tanto conflito. Os livros escolares não estão necessariamente corretos; eles apenas representam aquilo que é aceito como conhecimento comum numa determinada época.

Há mais de 2.500 anos, o Buda Shakyamuni renunciou ao mundo para virar monge, a fim de descobrir por que os seres humanos precisavam passar pelos sofrimentos do nascimento, do envelhecimento, da doença e da morte. Mas mesmo hoje, dois milênios e meio depois, a ciência ainda é incapaz de explicar por que as pessoas nascem e qual o sentido da morte, ou de provar a existência do mundo pós-morte. Buda, ao contrário, tinha essas respostas e, o que é importante, suas respostas são relevantes ainda hoje. É por isso que a religião, mesmo na era da ciência, continua sendo vital. Mesmo aqueles que se apoiam na "retidão" da ciência, como os médicos que nos curam com remédios ou que removem tumores cirurgicamente, deveriam reconhecer a existência da alma humana e aceitar sua importância.

O mesmo vale para as questões legais. Deus não criou a Constituição de nenhum país; foram os seres humanos que o fizeram. As leis de qualquer nação, mesmo as democráticas, refletem apenas as opiniões de seus políticos numa determinada época. A legislação seria diferente se o número de legisladores pertencentes a um determinado partido político, num período em particular, fosse outro. Quanto a isso, é fácil ver que mesmo as leis feitas pelos humanos nem sempre estão corretas. Políticos, juízes e legisladores podem ser especialistas em leis, mas o que eles consideram correto pode ser fundamentalmente diferente do que é correto no mundo da fé.

Talvez agora você consiga ver por que a definição científica, médica ou educacional do que é "correto" se mostra inadequada. Mas você não precisa se preocupar muito. Afinal, temos de viver nossa vida material de uma maneira que nos permita compartilhar definições. Apenas peço que julgue o que é certo, de modo verdadeiro e inexorável, segundo os critérios da fé.

A retidão a que estou me referindo não funciona da mesma maneira que, digamos, a resposta a um problema matemático, para o qual só pode haver uma resposta certa. Na fé correta pode haver muitas respostas certas, dependendo da situação e da pessoa envolvida. A retidão suprema e irrefutável não é algo rígido ou limitado a uma maneira de pensar. Mesmo os Espíritos Divinos no Céu têm opiniões diferentes, porque eles também têm personalidades diferentes. Esses Espíritos Divinos nos apresentam filosofias sempre de um nível muito alto, todas destinadas a levar as pessoas à felicidade. Existem, porém, algumas variações na maneira como essas entidades percebem e abordam a mesma questão.

Podemos avaliar se um determinado grupo religioso está certo ou se vale a pena ser seguido examinando sua influência na sociedade. O fato de existirem tantos grupos religiosos, com tantas maneiras diferentes de pensar, indica simplesmente que há uma grande variação nas necessidades das pessoas. E isso deve ser levado em conta. Da mesma maneira que aquilo que traz a maior felicidade pode variar de pessoa para pessoa, os aspectos específicos do que é considerado como certo também variam. Ainda assim, a diversidade religiosa está voltada numa mesma direção, a da vontade de Deus. Esse é o verdeiro sentido da retidão. Assim, explorar a Mente Correta é buscar uma atitude mental correta, aquela que está de acordo com a vontade de Deus.

PARTE 2
Os Quatro Caminhos Corretos
para a Felicidade

Você pode se perguntar: "Como faço para explorar a Mente Correta?". A resposta a essa pergunta é: "Praticando os Princípios da Felicidade". Se você se concentrar em explorá-los e fizer o melhor possível para colocá-los em prática todo dia, eles irão garantir-lhe uma vida feliz e radiante. São quatro os Princípios da Felicidade: o Princípio do Amor, o Princípio do Conhecimento, o Princípio da Autorreflexão e o Princípio do Desenvolvimento. Os quatro juntos constituem o que eu chamo de Quatro Caminhos Corretos. Esses princípios não são independentes um do outro; ao contrário, estão intimamente relacionados, pois cada princípio contém aspectos dos outros três. Se você seguir cada um deles com atenção, será sempre capaz de trilhar o caminho da felicidade e de voltar ao mundo celestial após a morte. E poderá também se aprimorar e se tornar um Anjo de Luz.

Quando se esforça para explorar a Mente Correta e manter os Princípios da Felicidade no primeiro plano da sua mente, ao mesmo tempo em que estuda a Verdade, pratica a autorreflexão e a oração, transmite a Verdade a outras pessoas e dá sua contribuição como membro da sociedade, você assegura seu progresso espiritual. Os quatro Princípios da Felicidade constituem a prática diária que leva ao aprimoramento espiritual. Vamos examinar mais de perto esses princípios.

O Primeiro Caminho – O Princípio do Amor

Quando fazem as coisas por conta própria, muitas pessoas tendem a viver para si mesmas; em outras palavras, o mais provável é que queiram tomar algo dos outros. E, como os animais, vão querer tomar cada vez mais. Mas convém lembrar que, enquanto seres humanos, nós somos especiais; somos os filhos de Deus. Por isso, devemos abrir mão de alguns de nossos desejos menos louváveis e passar a cultivar amor pelos outros. Precisamos ser bons com aqueles à nossa volta e tentar viver uma vida que seja benéfica para eles e para a sociedade em geral. Esse é o sentido de dar amor aos outros.

Quando você desperta para a "doação de amor", eleva sua atitude mental a um nível mais alto. Você conquista um nível superior de consciência. Mais importante que tudo, depois que você desperta para a importância da "doação de amor" sua mente não fica mais sintonizada com o Inferno.

Dar Amor aos Outros

Quando as pessoas pensam na palavra "amor", na maioria das vezes o que vem à sua mente é aquele tipo de amor que existe entre homem e mulher que se sentem atraídos um pelo outro, ou o amor entre pais e filhos. A maioria de nós tem um forte desejo de receber amor e, se não recebe o suficiente, sofre. Pense nisso com atenção, porque, se é assim que sua mente funciona, você precisa mudar sua forma de pensar. Precisa parar de considerar apenas aquilo que pode obter dos outros. Se todo mundo apenas tomasse amor dos outros, isso levaria inevitavelmente a uma escassez mundial de amor. Em vez disso, precisamos passar a ser fornecedores de amor. Se fizermos isso, o mundo inteiro ficará preenchido de amor.

Uma sociedade com amor insuficiente, ou que seja inteiramente materialista e baseada no "amor que cobra", é como um imenso hospital cheio de pacientes que gritam o tempo todo: "Estou com dor no corpo inteiro. Preciso de mais remédio. Façam algo para aliviar minha dor". Por outro lado, se houver amor de sobra, mais pessoas ficarão felizes e saudáveis do ponto de vista espiritual.

Por isso, você deve fazer o possível para dar amor aos outros. Tente fazer coisas que beneficiem as pessoas à sua volta. Antes de pedir felicidade para você mesmo, procure levar felicidade aos outros. Além disso, se você der amor, descobrirá que qualquer dor sua será automaticamente aliviada e suas preocupações começarão a desaparecer.

Cobrar Amor dos Outros
Grande parte da nossa dor na vida vem do apego, o qual gera sofrimento por não sermos capazes de levar os outros a fazerem o que queremos que eles façam. No budismo, isso é conhecido como sofrimento por não conseguirmos o que queremos. Em seus ensinamentos sobre a dor, Buda Shakyamuni dizia que há coisas no mundo que você nunca poderá ter, não importa o quanto queira. O sofrimento por não sermos capazes de conseguir o que queremos é apenas outra manifestação do fato de não sermos amados pelos outros ou não sermos considerados. Quando sentimos que não estamos sendo considerados, seja no plano emocional ou no material, nós sofremos. Para nós, a consideração no plano material pode se expressar em comida, roupa, dinheiro, carro, casa ou quase qualquer coisa que possamos desejar neste mundo. A consideração emocional pode assumir a forma de palavras, pensamentos e ações amáveis dirigidas a nós ou de respeito dos outros por nossa posição social. Em termos gerais, a consideração não é algo que possamos obter por nós mesmos;

ao contrário, é algo que obtemos das outras pessoas. Se ficamos muito concentrados em receber a consideração dos outros, o resultado é o sofrimento.

Se analisarmos o sofrimento que as pessoas enfrentam no mundo moderno, veremos que com frequência ele se resume ao fato de os indivíduos sentirem que não estão recebendo o suficiente das outras pessoas. Você pode se sentir frustrado por não estar conseguindo algum objetivo em particular na vida; pode achar que ganha pouco, apesar de fazer um bom trabalho; pode achar que seu parceiro ou seus amigos não têm consideração suficiente por você. São inúmeras as situações que aumentam nossa ansiedade e até nosso sofrimento mental, simplesmente porque não conseguimos aquilo que mais queremos.

Os problemas materiais são bastante difíceis de enfrentar, embora muitas vezes a gente consiga se conformar com eles. Mas com as preocupações de natureza emocional, sobretudo as associadas a relacionamentos pessoais, é difícil colocar o sofrimento de lado e levar a vida adiante normalmente. Por mais que lutemos, não é possível obrigar as outras pessoas a mudarem sua maneira de pensar. Pode ser que a pessoa de quem a gente mais deseja obter atenção e reconhecimento sequer perceba a nossa existência, ou que aqueles que a gente mais ama mostrem pouco afeto por nós. Ao mesmo tempo, podemos receber muita atenção de pessoas que não temos o menor desejo de impressionar ou de pessoas pelas quais sentimos pouco ou nenhum afeto. Mas o mundo é assim

– as coisas muitas vezes se recusam a ser do jeito como gostaríamos que fossem.

Problemas na infância também podem causar insatisfações que se manifestam mais tarde na vida. Depois que os filhos crescem, eles podem continuar a sentir que seu sofrimento atual é causado pela maneira como foram tratados ou pela vida que tiveram quando crianças. Podem achar que seus pais eram pobres demais e por isso, quando crianças, eles não tiveram muitas das coisas materiais que as outras crianças possuíam. Pode ser que, devido à condição social dos pais, eles não tenham tido o tipo de educação que seria mais útil para eles e talvez estejam, consciente ou inconscientemente, culpando os pais por não terem recebido a educação desejada. Isso vale principalmente para a sociedade moderna, na qual a desagregação familiar é comum e o divórcio afeta muitas famílias. Aqueles que cresceram num lar dividido podem achar que isso teve influência nas dificuldades de relacionamento que enfrentaram mais tarde ou na sua falta de confiança.

Infelizmente, não temos como voltar o relógio atrás. Muitas pessoas gostariam de ter a oportunidade de viver de novo sua vida. É o caso de alguns pais que talvez se sintam arrependidos pela maneira como criaram os filhos. Mas mesmo que nossos pais reconheçam que poderiam ter feito melhor por nós de algum modo, não é mais possível alterar o que aconteceu anos atrás.

Ansiedades e queixas relativas ao passado muitas vezes vêm à tona quando já somos adultos. E então ficamos esperando que nosso chefe ou nosso parceiro nos dê a consideração ou o afeto que não conseguimos obter de nossos pais décadas atrás. Infelizmente, na maioria dos casos isso não acontece, e acabamos sentindo em relação a essas pessoas o mesmo tipo de insatisfação que sentíamos em relação a nossos pais.

O desejo de obter reconhecimento social origina-se em geral do desejo de ser reconhecido pelos pais. As pessoas que sentem que seus pais não lhes deram reconhecimento suficiente procuram compensar isso com alguma figura de autoridade. Mas nem sempre conseguimos o tratamento preferencial que sentimos merecer. Um chefe, por exemplo, tem a responsabilidade de supervisionar muitas pessoas e por isso tenta agir de modo justo com todas elas, sem mostrar favoritismo por ninguém. Se um executivo de uma companhia demonstra suas simpatias e antipatias pessoais em relação a determinados subordinados, isso afeta a motivação da equipe inteira. É por esse motivo que os executivos se esforçam para evitar essas demonstrações. Assim, é bastante improvável que sejamos contemplados com algum tratamento especial que compense o sentimento de insatisfação que nutrimos por nossos pais.

A insatisfação com seu parceiro de relacionamento pode ter origem na crença de que você não recebeu amor e atenção suficientes da sua mãe. Se você sente que não consegue o reconhecimento ou o afeto que merece do seu parceiro, é possível que isso também esteja relacionado à sua infância. Talvez sua mãe simplesmente estivesse ocupada demais tentando ganhar a vida. Talvez você tenha irmãos ou irmãs e por isso sua mãe foi obrigada a dividir seu tempo entre todos os filhos, do melhor jeito que ela conseguia. Às vezes, também, aqueles que não recebem amor suficiente da mãe na infância se sentem atraídos por alguém que é o oposto do seu ideal e se apaixonam por pessoas ríspidas, de língua mordaz, que só fazem machucá-las ainda mais. Como resultado, acabam repetindo as experiências que tiveram quando crianças.

As feridas no coração sofridas na infância afloram à superfície de diversas formas na idade adulta, e muitas pessoas acabam tendo uma vida infeliz por causa disso. Às vezes, passam anos procurando pessoas e situações que compensem os sentimentos de infelicidade e insatisfação – alguém ou algo que preencha o vazio. Aqueles que levam sua vida dessa forma podem se tornar um poço sem fundo; não importa o quanto recebam, sempre pedem mais. As exigências nunca cessam, e chega um ponto em que as pessoas ao redor se cansam da situação e param de dar de uma vez. O resultado é uma infelicidade e uma insatisfação ainda maiores.

As pessoas que têm tendência a cobrar sem cessar costumam esquecer totalmente aquilo que já têm ou todas as bênçãos que são colocadas no seu caminho todos os dias. Em vez disso, concentram-se apenas no que não conseguem ter e continuam insatisfeitas, por mais que os outros se dediquem inteiramente a atender às suas exigências. Elas não conseguem ver o quanto seus parceiros já estão fazendo e preferem criticá-los por aquilo que sentem estar faltando. Uma mulher pode, por exemplo, queixar-se que seu parceiro sempre chega tarde do trabalho, sem levar em conta que o sucesso no trabalho às vezes exige que a pessoa fique algumas horas após o expediente normal. Mas se esse mesmo parceiro voltar cedo do trabalho todo dia, abrindo mão de uma perspectiva profissional melhor, ela pode criticá-lo por não trabalhar o suficiente.

Se olharmos atentamente para nós mesmos por um tempo, veremos que estamos bem distantes da perfeição. E se temos nossas imperfeições, é correto ou adequado ficar exigindo dos outros uma perfeição absoluta? O fato é que nenhum de nós é perfeito. Aqueles que esperam perfeição de seus pais ou acham que só estarão satisfeitos quando encontrarem o par perfeito precisam compreender que com isso viraram as costas para a felicidade. Ficar procurando falhas nos outros é arrumar motivos para ser infeliz.

Depois que uma pessoa enliereda por esse caminho, de querer somente receber dos outros, a jornada não tem mais fim. Seja no aspecto material, com objetos e dinheiro, no sentido físico, com relação à saúde, ou no aspecto das coisas intangíveis, como no desejo de fama ou prestígio social, a pessoa nunca ficará satisfeita. É impossível que ela consiga dizer algum dia: "Isso é o melhor; isso está perfeito!".

Na maioria das vezes, somos nós que criamos o próprio sofrimento. Portanto, se você perceber que tem essa tendência de esperar receber sempre dos outros, comece já a mudar sua maneira de pensar. Acreditar que você só será feliz se conseguir tudo o que quer é uma ilusão cruel. Fique feliz com o que já lhe foi dado e procure ver os pontos positivos dos outros. Em vez de pensar sempre nos 10% que estão faltando, agradeça pelos outros 90% que já lhe foram dados. Não se concentre naquilo que as pessoas à sua volta não conseguem fazer direito; em vez disso, reconheça o que elas fazem bem. Você ficará impressionado com a mudança na sua visão do mundo proporcionada por essa perspectiva. Mudar a avaliação que você faz dos outros à sua volta é, na realidade, o primeiro passo para começar a dar de fato alguma coisa aos outros.

Se você quer paz e satisfação reais e duradouras, precisa abandonar a ideia de que só pode alcançar a felicidade recebendo algo dos outros. Por isso, agora, neste exato instante, pare de cobrar dos outros. Olhe com atenção para tudo o que já lhe foi dado e tente descobrir como você pode dar algo de volta. Mesmo um pequeno esforço nesse sentido acaba fazendo uma grande diferença. E não aja assim esperando alguma recompensa, porque isso seria apenas outra forma de cobrar. Fique satisfeito em apenas dar, e no final ficará muito satisfeito com o resultado.

Mude Sua Perspectiva: Comece a Dar

Você não conseguirá nunca uma felicidade verdadeira e duradoura se ficar sempre desejando aquilo que não tem. Você já recebeu muito, portanto passe a agradecer pelo que já lhe foi dado. Assim, começará a sentir necessidade de oferecer algo em troca e a viver a vida voltado para dar. A verdade é que não há como ser infeliz se você viver uma vida que envolva "retribuição". Praticamente na mesma hora em que você começa a oferecer algo aos outros passa também a se sentir mais feliz.

É um pouco como uma equação matemática. Se você devolve 1% do que tem recebido, irá conseguir 1% de felicidade. Se devolver 10%, então conseguirá 10% de felicidade; 50% irão lhe trazer 50%, e assim por diante. Quando você inverte sua perspectiva e começa a amar os outros e a dar aos outros, a infelicidade desaparece da sua vida e você começa a criar felicidade imediatamente.

Não há ninguém mais feliz neste mundo do que a pessoa que considera a felicidade dos outros a sua própria felicidade. Aquele que encontra prazer em ver um sorriso no rosto do outro por causa de algo que foi capaz de fazer por ele desenvolve uma mentalidade que não tem como evitar a felicidade.

Quando você começa a pensar no que poderia fazer pelos outros, sua mente passa a trabalhar de um modo diferente. Vamos voltar àquele exemplo das pessoas que sentem não estar recebendo do seu chefe suficiente atenção ou reconhecimento. Com essa nova postura mental, você poderia fazer a seguinte pergunta: "Mas o que eu tenho realmente feito de concreto para o meu chefe?". Agora que a sua perspectiva é outra, a resposta provavelmente seria: "Na verdade, tenho feito muito pouco". Você pode chegar à conclusão de que, embora acreditasse estar fazendo o melhor possível, os outros o viam como alguém que trabalhava duro só para obter alguma vantagem pessoal. Talvez descubra que se sentia como se ninguém desse valor à sua contribuição pelo simples fato de desconhecer como os outros o percebiam. Nessa situação, como em todas as outras, é importante você se colocar no lugar dos outros, imaginar como eles podem estar percebendo você e a partir disso fazer o possível para apoiá-los. Em outras palavras, isso é pensar na felicidade deles. Arrependa-se por não ter conseguido fazer isso antes e faça o que for possível por eles agora. Esse é o seu próprio caminho para a felicidade.

Sempre haverá pessoas à sua volta que só pensam em si e que aproveitam todas as oportunidades para chamar a atenção para si, mas nunca ninguém consegue sucesso verdadeiro desse modo. Por um tempo, pode parecer que tais indivíduos estão se dando bem, mas no final eles acabam caindo. Pessoas assim muitas vezes conseguem um cargo que está além da sua capacidade. Elas parecem confiantes e dão a impressão de estar progredindo na vida, mas é quase certo que haverá um revés. Da sua parte, tente ser humilde. Não custa nada agir com humildade. Se você sempre for gentil com os outros, não importa quem seja a pessoa, e ao mesmo tempo se esforçar constantemente, não haverá como fracassar.

As pessoas podem se lembrar de uma ofensa por anos, mas também sempre se recordam de um elogio. Não custa nada ser agradável, e isso tem um profundo efeito sobre as pessoas. E a boa notícia é que melhorar seus relacionamentos é algo que sai de graça: não vai lhe custar um centavo sequer. Tudo o que precisa fazer é mudar sua maneira de pensar e se dispor a oferecer algumas palavras gentis. Com isso, você também guia os outros no caminho que leva à felicidade. Talvez custe um pouco de esforço no início, mas quando colher os resultados, deixará de sentir isso como esforço.

Portanto, se você está sofrendo neste exato momento, em vez de olhar para dentro, olhe para fora. Veja quantas maneiras você pode conceber para dar amor aos outros. A partir do momento em que fizer isso, suas preocupações e dores vão começar a diminuir. Pode parecer simplista, mas esses são pequenos passos em direção a uma consciência que irá abrir seus olhos.

Quando você começa a praticar amor, já iniciou sua jornada para a felicidade. A cada dia terá uma satisfação maior e sentirá mais e mais prazer com a felicidade que é capaz de levar àqueles à sua volta. Comece por aquilo que tem condições de fazer pelos outros. Se você sente alegria e felicidade ao ver os outros sorrindo, já deu o primeiro passo em direção ao Céu. São pessoas assim as que vão para o Céu quando morrem.

Inversamente, há pessoas que sentem muita inveja e ciúme, e essas estão longe de experimentar a verdadeira felicidade. As pessoas que sentem ciúmes das outras são as que pensam apenas na própria felicidade, e o coração delas está nas sombras. O pré-requisito para entrar no Céu é encontrar alegria ao ver a felicidade refletida nos olhos de outra pessoa. Se você domina o Princípio do Amor, que é o primeiro passo para trilhar o caminho para a felicidade, só isso já basta para lhe abrir o portão do Céu. Embora esse princípio possa parecer simples, ele tem uma importância crucial e é realmente muito profundo.

Os Estágios do Amor
O desenvolvimento do amor envolve quatro estágios: o amor fundamental, o amor que nutre, o amor que perdoa e o amor encarnado. O primeiro estágio, do amor fundamental, também pode ser chamado de amor ao próximo. É o amor que você tem por aqueles com quem convive todos os dias, como família e amigos. Parece ser um nível pouco profundo de amor, mas não é. Se você dominar o amor fundamental, será capaz de entrar no Céu. Portanto, é um ensinamento muito importante. Além do mais, é o primeiro passo para a iluminação. Seu ponto de partida deve ser sempre praticar o amor fundamental.

Depois de dominar o amor fundamental e de estar preparado para entrar no Céu, você deve procurar desenvolver o amor que nutre, que é um nível mais elevado de amor. Para poder praticar o amor que nutre, às vezes é necessário ser rigoroso com os outros. Esse tipo de amor é expresso por um professor ou um líder, e requer sabedoria. Os professores de escola, por exemplo, não podem expressar seu amor em sala de aula mimando seus estudantes ou permitindo que sejam negligentes com os estudos. Como qualquer pessoa, os alunos gostam de receber elogios, mas costumam se empenhar mais quando o professor é firme. Só elogios e gentilezas não são suficientes quando se trata de educação. Você precisa ensinar que, para abrir um caminho positivo para o futuro, é preciso trabalhar duro e superar as dificuldades que aparecem pelo caminho. Praticar o amor que nutre exige sabedoria e também uma combinação de gentileza e autoridade. Se você alcançar esse nível de amor, será reconhecido como um excelente líder no mundo.

No estágio seguinte, mais elevado, do desenvolvimento está o amor que perdoa. Esse é um estado espiritual que envolve um amor ainda mais profundo do que os anteriores. Desde que você esteja consciente de seu ser mais íntimo e do seu próprio ego, e enquanto se mantém separado dos outros, o amor que nutre será o estágio mais alto de amor que poderá alcançar. Quando passar para um estágio espiritual mais elevado, a consciência que tem do seu ser mais íntimo mudará. Você perceberá que, embora num determinado nível ainda seja você mesmo, em outro nível não o é mais. Ao se dedicar totalmente à sua missão, verá que não é de modo algum uma entidade isolada e que foi especificamente escolhido para desempenhar uma missão para Deus. Passará a se sentir um componente do Todo-Poderoso, como se fosse um "dedo de Deus". E finalmente compreenderá que sua presença neste mundo representa uma parte da Vontade de Deus.

À medida que desenvolver essa perspectiva mais profunda da vida, você será capaz de ver as coisas com um grande senso de compaixão e ficará sensível ao fato de que todos os seres vivos passam por um aprimoramento espiritual neste mundo. Não importa o quanto uma pessoa seja degradada ou má, você será capaz de perceber a luz de bondade brilhando dentro dela – sua natureza divina. Nesse estágio, ficará muito claro para você que o sofrimento que vemos até nas pessoas mais censuráveis deve-se inteiramente a maneiras equivocadas de pensar e a erros no coração delas. Você compreenderá que foi o pensamento equivocado, antes de mais nada, que as levou a agir mal. Quando alcança esse estado mental, você descobre em seu interior uma profunda compaixão pelas pessoas, até por aquelas que tenham cometido crimes. Será instintivo para você ajudá-las a aprender uma maneira melhor de viver e a aprimorar sua natureza divina. Você irá amá-las por sua natureza divina, pela essência de Deus dentro delas, mesmo que os outros achem muito difícil ter alguma consideração por essas pessoas.

Você alcançará um nível no qual é possível se comover com todos os seres vivos do mundo. Sua valorização da vida das plantas e das flores será maior, e você verá a luz divina brilhando nos animais. Eles também estão se esforçando para viver sua vida da melhor maneira possível e passando por um aprimoramento espiritual da alma. Usam a sabedoria que possuem para encontrar comida, lutam para se proteger dos predadores e fazem tudo o que está ao seu alcance para criar bem seus filhotes.

Você chegará por fim à compreensão de que os animais têm essencialmente a mesma natureza que os seres humanos, mesmo que ainda estejam muito distantes de reencarnar como seres humanos nos ciclos de reencarnação. Os animais têm os mesmos sentimentos básicos de alegria e raiva, tristeza e prazer que nós temos. E, embora você não seja capaz de ver isso, todos os animais almejam existir como humanos um dia, por meio de um processo de reencarnação muito longo. Quando você alcançar o estágio de iluminação que lhe permita ver a luz divina em todas as coisas vivas, terá entrado no mundo do amor que perdoa. Coisas que não eram aparentes quando você estava no estágio do amor que nutre se tornarão evidentes por si e você será capaz de perdoar.

O quarto estágio do amor, o amor encarnado, é o amor dos *tathagatas*. Esse é um estágio sublime, com o qual você não deve se preocupar. Concentre-se na prática do amor fundamental, do amor que nutre e do amor que perdoa. O amor encarnado é um estágio espiritual no qual sua própria existência representa o espírito da era que faz brilhar luz no mundo. Não é algo que você almeje, mas algo que o mundo e as gerações posteriores irão conhecer. Mesmo assim, você pode desejar ser como o sol, concedendo vida a todos os seres. Pode querer ser a corporificação da compaixão, como uma nuvem que abençoa a natureza com chuva, saciando a sede da terra seca com a benevolência da água. Isso representa um desejo de manifestar o amor encarnado. É um desejo de lançar luz não apenas sobre as pessoas de seu círculo imediato, mas também sobre todas as pessoas do mundo.

Comparado com a grande dimensão do amor encarnado, o amor que você consegue oferecer à família e aos amigos pode parecer insignificante. Amar aquelas pessoas com as quais você convive todo dia pode não parecer muita coisa dentro de um planeta tão cheio de carências, mas esse é o seu primeiro passo na estrada do desenvolvimento de uma compaixão maior.

Apresentei aqui os quatro diferentes estágios de amor, mas eles costumam se sobrepor. Cada estágio contém em si os elementos dos demais. O amor fundamental contém elementos do amor que nutre, e este tem elementos tanto do amor fundamental como do amor que perdoa. Cada um desses estágios permite em certo grau a prática do amor encarnado. Podemos começar dentro da família. Um pai pode brilhar como pai, uma mãe como mãe, e os filhos podem brilhar como filhos. Seja em casa, no trabalho, na escola ou na comunidade, todas as pessoas podem criar amor encarnado numa escala pequena mas importante. O que diferencia um estágio do outro é o aspecto do amor que está sendo expresso com maior ênfase. O amor que expressamos aparece em diferentes níveis, em vários estágios do nosso desenvolvimento. Na verdade, os diferentes estágios do amor estão correlacionados aos níveis de consciência.

É importante compreender que precisamos parar de procurar obter o amor dos outros; ao contrário, temos de nos concentrar em dar amor. Essa é uma profunda bênção, porque significa que você poderá entrar no Céu se for capaz de seguir o ensinamento. Porém, se não tiver sabedoria, talvez não consiga praticar a doação de amor. Em seu desejo de expressar amor, você pode às vezes mimar demais as pessoas ou inadvertidamente elogiar alguém que esteja fazendo algo inadequado. Ao se ver numa situação assim, procure recorrer à sua sabedoria. Isso significa que algumas vezes você precisa ser severo com as pessoas, mesmo contra a sua vontade. Faz parte da tarefa de guiar os outros e é o que faz uma mãe ou um pai ao impor disciplina aos filhos. Você também deve dominar essa forma de amor que nutre.

À medida que desenvolve amor que nutre, logo será capaz de diferenciar entre o que é bom e o que é mau. A vontade de Deus não é necessariamente que você dê ênfase demais a essa distinção entre os dois. O amor que perdoa transcende essa distinção. Em outras palavras, quando você desenvolve uma profunda compaixão por todos os seres vivos, é capaz de se erguer acima do bem e do mal.

Tente ser como uma tocha acesa na escuridão e brilhe o máximo que puder ao longo de sua vida para dar luz ao maior número possível de pessoas. Esforce-se para ser como um farol num porto, fazendo brilhar sua luz o mais longe possível. Esse é o desejo de praticar o amor encarnado. Todos os que procuram a Verdade devem aprender esses estágios de desenvolvimento do amor e gravá-los no fundo da alma.

No início, é muito provável que você tropece. Mesmo quando tentar fazer o melhor ao seu alcance para demonstrar amor a todos, ainda irá às vezes brigar com seu parceiro, com seus filhos, amigos ou outras pessoas pelo mundo afora. Não espere viver um tempo em que possa dizer: "Agora encerrei esse estágio de desenvolvimento, portanto minha educação espiritual está concluída". Sempre haverá momentos em que precisará voltar ao ponto inicial. É importante observar a si mesmo sempre e verificar suas ações, a fim de continuar com sua educação e aprimoramento espiritual.

    Esse é o Princípio do Amor. Se todas as pessoas entendessem esse princípio, o mundo seria um lugar tranquilo. Essas lições acrescentam uma nova perspectiva aos ensinamentos cristãos sobre o amor. Embora o cristianismo sempre tenha pregado o amor, ainda existem inúmeros conflitos no mundo. Se o que o cristianismo tem a dizer sobre o amor for transformado numa doutrina da compaixão, acrescentando-se os ensinamentos budistas sobre o amor, todo conflito irá inevitavelmente terminar. E a divulgação desses ensinamentos sobre o amor pelo mundo afora pode trazer alegria à humanidade.

O Segundo Caminho –
O Princípio do Conhecimento

O segundo Princípio da Felicidade é o Princípio do Conhecimento, que envolve o entendimento de fatos espirituais importantes e a compreensão total da Verdade Universal. A Verdade não pode ser obtida a partir de informação terrena. Isso porque a Verdade vem diretamente de Deus. Mas você pode nutrir sua mente e seu coração lendo livros ou ouvindo palestras sobre a Verdade. Mesmo por meio da palavra escrita ou falada, você pode sentir a existência e a presença de Deus.

Quando pessoas que têm vivido uma vida fria, com muita dor e sofrimento, tomam consciência da Verdade e despertam para a fé por meio da oração, da autorreflexão ou pelo estudo da Verdade, sentem uma energia fluindo dentro do peito, aquecendo o seu corpo inteiro e até deixando suas faces coradas. Essa é a luz de Deus, e ela vem diretamente dos Anjos de Luz no Céu.

Todos têm a oportunidade de passar por essa experiência. Quando você sente a luz quente preencher seu corpo todo, isso significa que está junto à porta que lhe permite comunicar-se com seu espírito guardião e seu espírito guia. Para chegar até essa entrada, precisa conhecer a Verdade, abrir mão de suas ilusões e deixar que o véu da ignorância caia de seus olhos. Conhecimento é poder, e ao conhecer a Verdade, você pode mudar sua vida. Esse é o Princípio do Conhecimento.

Falta de Inteligência

Conforme comentei antes, muitas pessoas são infelizes porque, de acordo com a própria avaliação, não estão recebendo dos outros o amor que acreditam merecer. Para essas pessoas, o caminho da felicidade está no Princípio do Amor, segundo o qual você pode encontrar felicidade dando amor aos outros. Nesta seção, gostaria de examinar outro grupo de pessoas, aquelas que sofrem queixando-se de falta de inteligência.

Isso é algo que incomoda milhões de pessoas, embora, por mais estranho que pareça, a maioria acredite que o problema é só seu. Na realidade, 99,99% da população têm preocupações relacionadas à falta de inteligência, mas como as pessoas não conseguem saber o que se passa na mente das outras, acabam sentindo que só elas têm esse tipo de preocupação.

Vamos tomar como exemplo a escolaridade. Talvez você desejasse ser como aquelas pessoas que parecem muito inteligentes e se graduaram nas melhores universidades. Mas se você imagina que elas se julgam inteligentes, provavelmente está equivocado. Na realidade, as pessoas que se destacam nos estudos muitas vezes sofrem de um sentimento de inferioridade. Aqueles que não estudaram mas se sentem bem consigo mesmos têm probabilidade bem menor de padecer desse sentimento de inferioridade. As pessoas que mais sofrem quando se veem aquém dos outros são aquelas que se dedicaram quase integralmente aos estudos. Quando a pessoa está habituada a ter alto desempenho, até mesmo uma nota mediana numa prova faz a diferença entre genialidade e mediocridade e pode levá-la a uma angústia intensa. Nenhum de nós está isento de ter dúvidas sobre a própria inteligência, quando a medimos exclusivamente por critérios exteriores, como o desempenho nos estudos.

E quanto àquelas pessoas que se graduaram numa escola de prestígio e têm um excelente currículo acadêmico? Se você perguntar a elas se são felizes, a resposta não será necessariamente afirmativa. Elas têm seus próprios problemas para atormentá-las. Por exemplo, podem ficar preocupadas pensando: "Fui muito bem nos estudos, então por que não consigo sucesso material?". Ou talvez reclamem por não receberem os elogios que esperam dos outros ou por que não conseguem ganhar tanto dinheiro quanto gostariam.

Esse é um problema universal. Na realidade, muitas vezes os melhores nos estudos são os que ganham menos dinheiro mais tarde. As pessoas que se saem excepcionalmente bem na universidade podem preferir continuar no âmbito acadêmico e virar professoras ou palestrantes. Por outro lado, aqueles que estudaram menos mas desfrutaram a vida e viajaram, arrumaram trabalhos temporários e ganharam experiência, têm maior probabilidade de sucesso quando arrumam um emprego em período integral. Progridem mais rápido e obtêm melhores salários. Embora possam não ter se esforçado tanto na escola, empenham-se mais no local de trabalho e por isso têm mais sucesso.

Pessoas que passaram muitos anos estudando também podem sofrer porque não entendem como seus colegas, que passavam o tempo brincando e se divertindo, conseguiram prosperar tanto ao começar a trabalhar. A verdade é que a experiência de vida também constitui em si um bom professor, e as coisas que se aprendem vivendo a vida plenamente não são ensinadas em nenhuma aula universitária.

Hoje, poucos chegam ao topo do sistema acadêmico, e se examinarmos apenas as notas obtidas em provas, a esmagadora maioria das pessoas parece ser um fracasso em termos acadêmicos. Mas se a felicidade ou infelicidade dependesse apenas do rendimento escolar, deveríamos então concluir que a maioria das pessoas é infeliz. Não é verdade que aqueles que não têm muita capacidade acadêmica sempre fracassam e que quem vai bem nos estudos sempre tem sucesso.

Claro, um bom currículo acadêmico e boas notas podem levar ao sucesso, se você depois continuar se esforçando com base no que já conquistou. Mas se simplesmente cruzar os braços e ficar satisfeito com os resultados, isso será o fim do seu progresso, e você não conseguirá muita coisa. Aqueles que vão bem na escola podem muito bem ter dificuldades mais tarde. Aqueles que dão duro e se empenham podem obter sucesso, mesmo sem notas tão boas. Por isso, é importante não encarar o desempenho acadêmico ou as qualificações como um valor absoluto.

Todo mundo recebe uma cota igual de talento, mas ela pode se distribuir por áreas diferentes. Alguns são bons no estudo, outros em alguma outra coisa. Você pode achar que está deficiente em uma área e que tem talento em outra. Talvez ainda não saiba onde está seu talento, mas lembre-se de que todos temos talento. Saber disso provavelmente será reconfortante para aqueles que não vão bem na escola ou que não conseguem entrar nas melhores universidades.

Progredir Espiritualmente

Talvez você acredite que algumas pessoas já nascem inteligentes e lamente por sua falta de capacidade inata nesse sentido, ou pelo fato de não ter conseguido notas mais altas em seus primeiros 20 anos de vida. Sem dúvida, há algumas diferenças de inteligência, evidentes até em bebês. O mesmo ocorre nos testes de avaliação aplicados em crianças na escola fundamental ou no ensino médio. Por isso, seria falso afirmar que a hereditariedade não tem nada a ver com a inteligência. Mas não se deixe enganar por essas estatísticas. No momento em que você morrer e sua vida for avaliada pelo mundo espiritual, receberá uma nota baseada naquilo que fez *depois* de ter nascido. Assim, a hereditariedade não tem nada a ver com a nossa nota em termos de vida espiritual. Todos, não importa quais sejam nossos antecedentes ou circunstâncias, temos dentro de nós o impulso de progredir espiritualmente, e por mais rica que seja a nossa herança, isso não nos poupará do inevitável julgamento.

Cada pessoa começa num ponto diferente, mas a avaliação após a morte se baseia no progresso individual de cada um, não importa em que lugar a pessoa iniciou a corrida em termos de inteligência ou posição social. Depois que nascemos e começamos a crescer, é exigido de todos nós um esforço para progredir na vida. A quantidade de esforço que cada pessoa faz é avaliada com base na lei de causa e efeito. Quanto mais esforço fizermos, mais seremos capazes de realizar. É importante encarar a vida por essa perspectiva.

O mundo material é um lugar competitivo e, para ser bem sincero, existem nele mais perdedores do que ganhadores. Não importa em que ponto você começou na vida: se permitir ser rotulado como perdedor e não como vencedor e não fizer nada a esse respeito, sua vida toda poderá ser miserável e infeliz. Se você é do tipo que se preocupa com o nível de suas capacidades inatas, simplesmente lembre-se de que, no final das contas, o que importa de fato é o quanto você foi capaz de crescer. O que vale é sua medida de desenvolvimento e o grau em que você se empenhou. As circunstâncias que predominavam quando você nasceu, até mesmo suas vidas passadas, não têm nada a ver com o progresso geral da sua vida presente. Você será avaliado apenas em termos do que faz *agora*, na sua vida atual. Lembre-se disso.

É importante ressaltar também que o gênio não pode competir com o esforço. As pessoas que fazem um esforço genuíno nunca podem ser vencidas. Mesmo aquelas que são rotuladas como brilhantes ficam estagnadas como água parada quando deixam de se aplicar, mesmo que por um curto período. Embora às vezes seja difícil melhorar, é muito fácil regredir. Isso não está ligado à inteligência inata ou ao destino. Mesmo crianças que nasceram em lares privilegiados, rodeadas de todas as oportunidades, e que frequentaram as melhores escolas, podem se extraviar. Podem tornar-se delinquentes e virar uma fonte de preocupação constante para a família. Isso não tem a ver com destino e tampouco é uma questão de inteligência. O ponto aqui é o quanto essas pessoas valem, qual a sua maneira de pensar e como elas percebem o mundo.

De qualquer modo, a inteligência num contexto acadêmico ou mesmo genético não é a mesma inteligência conquistada na vida real. A experiência traz uma compreensão das leis do sucesso que não é ensinada na escola. Os estudos acadêmicos podem lhe dar um alicerce muito bom, mas você só pode aprender as leis do sucesso com a própria experiência.

Enquanto ficarmos fazendo comparações entre nós e os outros, nunca chegaremos a ser vencedores na vida. Em vez de fazer comparações, que quase sempre são inúteis, olhe para sua própria vida. Examine o progresso que fez desde que nasceu e esforce-se para progredir mais.

A batalha decisiva é a que você trava consigo mesmo, e todo mundo tem a oportunidade de conseguir uma vitória espetacular. Até aqueles que parecem nunca dar um passo errado e conquistam um sucesso atrás do outro podem chegar a um ponto em que vacilam, porque sentem que perderam alguma batalha contra os outros. Não importa o quão longe tenham ido, podem ver-se sofrendo e deprimidos. Alguns não conseguem suportar a dor por não terem sido promovidos, enquanto seus colegas o foram. Basta não vencerem alguma competição com os outros para que passem a se ver como perdedores. A definição de sucesso ou fracasso deles baseia-se apenas na rapidez com que ganham uma promoção ou com o fato de chegarem à frente numa competição.

Todos devemos aprender que o progresso na nossa vida é relativo. Em outras palavras, a única pessoa com quem você está competindo é com você mesmo. Assim, embora a hereditariedade possa influir na inteligência, ela não é o fator mais importante na vida. Em vez de se preocupar com isso, concentre-se na pontuação espiritual que você alcançou como resultado de seu próprio esforço e encontre felicidade nisso. Se for capaz de sentir alegria ao descobrir o quanto ficou brilhante nesse aspecto, não haverá fracasso nem derrota na sua vida.

O Poder do Conhecimento

Em termos gerais, é mais provável que você tenha sucesso na vida ao se concentrar naquelas coisas que compreende melhor. É mais difícil obter sucesso quando se lida com situações nas quais se tem pouca ou nenhuma experiência. Por exemplo, se você sabe como movimentar as peças num jogo de xadrez, irá ganhar facilmente de alguém que não conheça os movimentos. Mas se decidir enfrentar um grande mestre de xadrez, dificilmente irá vencer, a não ser que também seja um. Um grande mestre passa boa parte da vida estudando estratégias e táticas de xadrez, por isso nem pense em competir com ele, a menos que tenha o mesmo conhecimento. A vida é como uma partida de xadrez: quanto maior o seu conhecimento, menor a chance de perder.

Ao lidar com o desconhecido, dificilmente sua probabilidade de sucesso será maior do que 50%, e não há como saber se você será bem-sucedido ou não. Mas se você encara algo em que já tem boa experiência, seu potencial de sucesso pode subir para perto de 100%. É mais fácil ter sucesso quando você conhece as regras básicas e sabe como proceder.

Quando se trata das experiências da vida e sobretudo dos seus desafios, a maioria das pessoas é amadora. Poucas se dedicam a estudar os desafios que enfrentam. Por isso, ficam praticamente condenadas ao fracasso. Para evitá-lo, precisamos primeiro obter conhecimento. Você perguntará: "Mas como?". Na realidade, há quatro maneiras. Você pode ler, o que é muito importante, pode obter informações assistindo à tevê, aprender vendo filmes ou então assistir a conferências. Seja qual for o método escolhido, ao enfrentar coisas que não entende, você terá de reunir informação e material relevantes, que serão a base sobre a qual poderá tomar suas decisões. Se ficar perito no assunto, por ter dedicado tempo e vencido as dificuldades até entendê-lo, o fracasso será muito menos provável.

A experiência de vida também pode ser uma ótima professora. Sem ela, o fracasso é sempre uma possibilidade. Como vimos, nem todo o conhecimento vem da sala de aula. Quem teve uma vida reclusa, não importa o quanto seja instruído, dificilmente sabe como funciona o mundo. Nem imagina que há pessoas no mundo que farão o possível para provocar seu fracasso, e cairá em armadilhas se não ficar atento. Talvez não saiba dos perigos à espreita, pois a escola não ensina que o mundo é feito também de sofrimento, reveses e desilusões.

Algumas pessoas têm a sorte de encontrar um caminho para o sucesso sem nunca precisar enfrentar contratempos, mas a maioria, em algum ponto, irá experimentá-los. Se você souber desses perigos com antecedência, terá uma vantagem considerável. É importante ter consciência de como determinadas pessoas reagem em circunstâncias específicas para poder reagir de maneira adequada.

Os bons banqueiros sabem muito bem o que ocorre quando emprestam dinheiro a um certo tipo de pessoa. Sua experiência acumulada lhes permite julgar se o empréstimo requisitado tem condições de ser uma operação segura ou se será um desastre. O gerente de banco que tem competência para avaliar os riscos de cada situação evita erros desnecessários e consegue preservar os ativos do banco.

Você precisa conhecer todos os aspectos da vida, e isso inclui o mal. Mesmo que todas as suas intenções sejam voltadas para o bem do mundo, em algum momento você terá de enfrentar o mal. Conheça seu inimigo, pois isso é uma parte muito importante ao lidar com o mal.

Há pessoas que têm a clara intenção de enganar os outros e pegá-los em suas armadilhas. E mesmo que isso não seja de fato intencional, alguns indivíduos recorrem a esse tipo de comportamento quando estão sob certas circunstâncias. Evitar que eles cometam transgressões também é uma forma de praticar o bem. Ao permitir que o mal se espalhe, até as pessoas boas se tornam cúmplices do mal. Portanto, amplie sua faixa de interesses e estude com atenção as fontes do mal na vida, assim como as origens da corrupção, do fracasso e dos contratempos. Com isso, evitará os problemas antes que eles se instalem, afastará as possibilidades de fracasso e viverá uma vida de felicidade.

Existem limites para o que uma pessoa pode experimentar, mas você também pode aprender muito observando atentamente seus amigos, pais, irmãos e parentes. Procure entender por que as pessoas falham, o que as leva para um caminho equivocado e o que faz com que se extraviem. Não faltarão exemplos se você mantiver os olhos abertos.

Aqueles que têm tempo sobrando e o gastam queixando-se da própria ignorância devem aplicar esse tempo estudando. Assim, ampliarão seu conhecimento e serão capazes de tomar decisões corretas. Essa é uma maneira de trilhar o caminho para a felicidade.

Transformar Conhecimento em Sabedoria
Vivemos hoje na era da informação e temos os melhores recursos possíveis para aprender. Com tantos livros e material educacional disponíveis, o intelecto humano alcançou um novo patamar. Nunca em toda a história do mundo as massas tiveram tanta informação como agora. Em comparação com épocas passadas, as pessoas hoje têm à sua disposição um conhecimento quase à altura de um deus, ou no mínimo contam com muitas oportunidades de ter acesso a ele.

Pelo fato de vivermos numa era tão privilegiada nesse sentido, seria maravilhoso se todos pudéssemos fazer um estudo meticuloso da Verdade. É por isso que apresentei aqui o Princípio do Conhecimento. Naturalmente, esse princípio começa com o estudo da Verdade, mas isso não significa simplesmente *armazenar* o conhecimento. Você deve colocá-lo em prática em sua vida diária e em seus esforços para ajudar os outros a alcançarem também a Verdade.

Você se lembra do seu caderno de exercícios da vida? Ao resolver os problemas desse caderno, você vai revelar certas tendências nas áreas em que tem maior dificuldade, como problemas específicos nos relacionamentos ou em algum outro setor da vida. Um conhecimento da Verdade, extenso e coerente, oferece uma base saudável para resolver seus problemas, e é importante que você coloque em prática o conhecimento obtido. Então poderá dizer: "Estou vendo como isso deve ser feito. É assim que eu posso me libertar das preocupações, resolver meus problemas, corrigir minhas deficiências e conquistar a libertação". São inúmeras as pequenas descobertas que você pode fazer diariamente ao trilhar o caminho da iluminação. Ao utilizar seu conhecimento e sua experiência como parte da sua iluminação, você consegue converter seu conhecimento em sabedoria.

O caminho é construir um conhecimento básico da Verdade por meio de estudo, aplicá-lo em sua vida cotidiana e transformar esse conhecimento em sabedoria.

Então você será capaz de usar essa sabedoria para guiar os outros. Suponha, por exemplo, que você passou por uma experiência desagradável de divórcio ou que foi demitido do trabalho. Quando encontrar uma pessoa que estiver passando pelo mesmo tipo de problema, se você teve bom domínio dessa experiência por meio da sua compreensão da Verdade, será capaz de oferecer a essa pessoa um bom conselho, com palavras esclarecedoras que irão abrir-lhe os olhos e ajudá-la a superar as dificuldades. Você saberá até como tirar uma pessoa de uma depressão profunda ou mesmo como evitar um potencial suicídio. Mas precisará de mais do que mero conhecimento sobre este mundo para poder salvar pessoas. Isso só será possível se você tiver de fato estudado a Verdade e adquirido uma compreensão do mundo espiritual e da verdadeira essência da vida.

Portanto, não importa o quanto você tenha sofrido no passado: depois de obter o conhecimento da Verdade, será capaz de transformar seus problemas anteriores em experiência. Por sua vez, essa experiência irá permitir-lhe oferecer palavras de sabedoria para guiar os outros. É por causa da ajuda que pode dar ao mundo que você precisa transformar o conhecimento em sabedoria.

A Verdade Universal para o Século 21
Muitas religiões e filosofias têm origens antigas, e algumas continuam paradas no passado. A meu ver, para que algo seja relevante para a nossa vida hoje, precisa refletir as circunstâncias e valores do presente e do futuro. É impor-

tante estar aberto a novos conhecimentos. Precisamos estar muito bem preparados para assimilar novos conceitos ou tecnologias, desde que possam trazer felicidade às pessoas.

Existem leis fundamentais que continuam as mesmas há milhares de anos e são impossíveis de distorcer, mas o mundo está sujeito a mudanças, e isso nunca foi tão verdadeiro como na presente era. Não podemos esquecer isso, senão aquilo que aprendermos será irrelevante para a vida cotidiana, e a mente moderna não irá entender ou aceitar a Verdade que possamos ensinar.

Se estivéssemos na Idade da Pedra, claro, o que ocuparia nossa mente seria como fazer um pote de barro melhor, mas a sabedoria da Idade da Pedra não é mais adequada às necessidades complexas da era moderna. No entanto, as Verdades atemporais que têm circulado desde os dias de Buda ou Jesus podem adotar a roupagem proporcionada pelos avanços científicos e pela tecnologia da informação e ajudar as pessoas a resolverem seus problemas no mundo atual. O que lhe ofereço é a Verdade atemporal, capaz de atender às necessidades da sociedade moderna por estar sintonizada com o progresso e com o reconhecimento de que a sociedade e o mundo mudam constantemente.

Sempre haverá situações fora do nosso campo de competência, mas devemos permanecer abertos e dispostos a absorver novos conhecimentos. Temos à nossa disposição todo tipo de informação, inclusive contribuições do mundo acadêmico e da mídia, e nós, na Happy

Science, procuramos abranger tudo isso. Ao contrário de algumas organizações religiosas que tendem a permanecer fechadas à inovação e ao avanço, nós continuamos abertos e felizes em aprender. Isso ocorre porque temos confiança de que a mensagem que trazemos é atemporal. E também demonstra que temos a flexibilidade de mudar se encontrarmos erros em nossa visão.

O Terceiro Caminho –
O Princípio da Autorreflexão

O próximo estágio no caminho para a felicidade é o Princípio da Autorreflexão. Depois de conhecer e compreender a Verdade Universal, você nunca mais será capaz de viver da mesma maneira. É provável que agora admita ter cometido muitos erros na vida – em pensamentos, ações ou palavras dirigidas aos outros. Isso é perfeitamente comum, pois não há quem não tenha dado um passo errado na vida.

Você pode achar que, depois que algo acontece, esse fato fica fixado para sempre na realidade e não é mais possível alterá-lo. Num sentido material, isso é verdade. Por exemplo, se você derruba um vaso no chão e ele se parte, nem toda a cola do mundo vai fazê-lo ficar exatamente como antes; nada poderá deixá-lo perfeito de novo. Do mesmo modo, você pode achar que, por causa dos erros que cometeu e dos quais se arrepende agora, nunca terá condições de corrigir essas situações.

Mas agora lhe está sendo oferecida a luz da salvação: a autorreflexão. Se você se arrepende de algo que fez no passado, com um arrependimento sincero, e reflete profundamente sobre suas ações, o pecado é removido do seu passado. Como tudo o que acontece na mente abrange passado, presente e futuro, é possível desfazer os erros da sua mente. Isso explica por que nos é dada a oportunidade de praticar a autorreflexão. Se fosse impossível desfazer erros, a autorreflexão não teria sentido.

Além disso, o fato de refletir sobre o que fez de errado e ampliar sua compreensão permite que você obtenha bem mais do que o simples perdão. Ao praticar a autorreflexão genuína, você passa a receber apoio, incentivo, poder e energia diretamente do Céu, que irá apoiá-lo e nutri-lo ao longo da vida. Portanto, a autorreflexão não serve simplesmente para zerar um placar negativo. As bênçãos que você recebe por despertar para a Verdade vão compensar de sobra o que você tinha antes, e sua vida ficará mais feliz em consequência disso.

Na realidade, você renasce. Ao despertar para a fé e praticar a autorreflexão, você recebe a chance de uma segunda vida – um novo nascimento. Não importa que tipo de indivíduo você era antes e não importa que vida levava: se continuar a praticar uma autorreflexão profunda e sincera, sem deixar de amar os outros e de procurar a Verdade, irá se tornar uma pessoa diferente e sua vida será irrevogavelmente transformada. Nossa paixão, na Happy Science, é divulgar essa Verdade e constituir a prova viva, o modelo exemplar do poder de transformação que ela tem sobre a vida das pessoas.

O Poder da Autorreflexão

O mundo material em que vivemos e o mundo espiritual existem lado a lado. No mundo espiritual, a autorreflexão funciona segundo os mesmos princípios que as leis da física. Assim, o fato de você praticar ou não a autorreflexão no mundo material irá determinar seu destino no mundo espiritual após a morte.

Quando as almas vivem no mundo material, num certo sentido elas são cegas. Cometem erros por ignorância, pois são muitas as coisas que desconhecem ou não compreendem. Deus e os anjos sabem disso e têm imensa compaixão por aqueles que cometem erros nas suas encarnações terrenas. Nem os anjos teriam como evitar cometer erros se nascessem no mundo físico e vivessem o tipo de vida que levamos.

É inevitável cometer erros. Na realidade, fomos abençoados com essa liberdade. Os seres humanos são livres para cometer erros porque também têm a capacidade de corrigi-los. E embora um vaso quebrado nunca possa ser totalmente restaurado, o coração humano pode. O coração fica inteiro de novo, no sentido espiritual, e mais esplêndido do que antes.

Nossa mente tem uma área chamada "fita ideográfica". É onde todos os nossos pensamentos e ações ficam registrados. Tudo aquilo que você já fez desde a hora em que nasceu fica gravado ali. Os pensamentos e ações negativos são marcados em vermelho, como perdas. Você pode olhar para todas essas anotações à luz da Verdade e se arrepender dos seus equívocos. O ato de compreender que você agiu errado e que deveria ter feito as coisas de modo diferente o liberta da culpa ou da dor, desde que você esteja determinado a não plantar mais essas sementes de negatividade no futuro. Com isso, os itens que estavam escritos em vermelho mudam de cor, para um glorioso dourado.

Não importa o quanto você ache que foi mau na vida. Se refletir sobre seu passado com um coração puro, poderá apagar todas as anotações em vermelho, como se tivesse uma borracha mágica. Esse é um grande poder que Deus nos deu. Significa que neste exato momento você pode decidir fazer um recomeço. Pode mudar a si mesmo, e o primeiro passo para isso é a prática da autorreflexão. Quando tiver atingido certo nível de autorreflexão, seus pecados passados serão totalmente apagados.

Uma vez dei uma palestra intitulada "O inimigo dentro de nós", e nela contei a história de Angulimala, um bandido terrível que vivia na Índia, na época do Buda Shakyamuni. A menos de 2 quilômetros das ruínas do Mosteiro Jetavana, o antigo centro budista da Índia, há um grande monte funerário sob o qual jaz Angulimala. É bem maior do que qualquer outro monte funerário, até mesmo do que os montes dos dez discípulos do Buda Shakyamuni. Na verdade, é o maior túmulo perto do Mosteiro Jetavana.

Angulimala era um bandido perigosíssimo, que, segundo se dizia, havia assassinado centenas de pessoas, talvez até mil. Um dia, porém, enxergou o erro de suas ações. Arrependeu-se profundamente por seus atos passados e entrou para a ordem de Shakyamuni. Submeteu-se a uma disciplina espiritual diária com sua tigela de pedinte e não reagia quando a população local o apedrejava. Desse modo, Angulimala arrependeu-se profunda e diariamente e se esforçou muito para se disciplinar, a fim de se tornar um Anjo de Luz. As pessoas ficaram tão comovidas com seu tremendo esforço que quando ele morreu ergueram-lhe um enorme túmulo. Aqueles que criaram o túmulo de Angulimala perceberam muito bem que o esforço de uma conversão do mal para o bem tem um imenso poder de salvação. Até hoje, 2.500 anos mais tarde, as pessoas ainda vêm prestar-lhe homenagem.

Uma pessoa pura, que viva de modo adequado e correto, sem nenhuma sombra do mal, pode ter um grande poder de salvar outras pessoas, mas aqueles que cometeram inúmeros crimes e depois se arrependeram sinceramente, dedicaram-se ao bem e recomeçaram suas vidas também têm o poder de salvar inúmeras almas. O budismo reconhece esse fato. Em vez de pregar que os pecadores e até os assassinos devem perder as esperanças de redenção, ele sugere que a pessoa que vira uma nova página e embarca no caminho da iluminação pode conquistar um poder maior do que aquela que nunca tenha cometido um único pecado. Um pecador regenerado tem a oportunidade de desenvolver uma luz ainda mais forte para guiar os outros. É esse o poder da autorreflexão. E, é claro, há também a oração certa, que deve ser feita após a prática da autorreflexão. Você pode usar o poder da oração correta para criar um futuro melhor.

Lutar contra as Perturbações Espirituais
Um dos fatores que impedem as pessoas de ter sucesso, levando-as, ao contrário, a pegar o caminho do fracasso, são as perturbações espirituais ou a influência de espíritos errantes e malignos. Aquelas pessoas que não acreditavam na existência do Céu e do Inferno enquanto viviam aqui, ou que seguiam uma religião mal orientada, talvez não consigam voltar para o Céu após a morte. O mais provável é que esses espíritos intranquilos vão para o Inferno, mas muitos deles tentam permanecer no mundo material de um jeito ou de outro. Basicamente, ainda não aceitaram a própria morte.

Só existem duas maneiras pelas quais espíritos errantes desse tipo podem permanecer no nosso mundo: uma delas é possuindo outra pessoa e a outra é assombrando determinado lugar. Como esses espíritos têm grande apego pelo mundo material, tridimensional, não conseguem abandoná-lo. E as pessoas que se veem possuídas por tais espíritos muitas vezes percebem que sua vida dá uma virada para pior. Não fique assustado com essas conversas sobre espíritos malignos, maldições e coisas do gênero, mas é um fato que as perturbações espirituais são um grande problema na vida.

É impossível ser exato, pois não há estatísticas a esse respeito, mas não estaria longe da verdade sugerir que mais da metade das pessoas na sociedade atual sofrem uma influência espiritual negativa em alguma época da vida e em algum grau. Quando isso ocorre, elas podem estar sendo influenciadas por mais de um espírito.

Se uma pessoa que está possuída assume as características do espírito que a tomou – ou seja, compartilha os mesmos valores, uma visão idêntica da vida e os mesmos padrões de comportamento –, fica difícil saber quem está realmente no controle. Não é raro que um indivíduo possuído desenvolva os mesmos hábitos que a pessoa morta e que no final enverede pela mesma estrada em direção à ruína. Pode ser desconcertante ver isso acontecer.

Quando uma pessoa se destrói de uma maneira que resulta em morte, é comum outro membro da família cometer em seguida o mesmo tipo de erro. Isso não tem nada a ver com destino ou fatalidade. Se você tem as mesmas tendências que o seu parente falecido e suspeita que ele não conseguiu retornar ao mundo espiritual de maneira positiva, preferindo permanecer dentro de você, será preciso se esforçar para corrigir suas tendências negativas.

De que modo as pessoas mudam quando estão sob influências espirituais negativas? O sinal mais óbvio são as variações bruscas de humor, a facilidade de ficar enraivecido e os surtos de violência. Quando as pessoas estão possuídas, sua visão de mundo se altera radicalmente e elas começam a ver muitas situações de um ponto de vista oposto ao seu. Já analisamos antes a passagem da atitude de tomar amor para a de dar amor. Pois a última coisa que as pessoas possuídas querem fazer é dar amor.

Aqueles que estão sob influência espiritual negativa geralmente se sentem muito mal. Sofrem de mania de perseguição e se queixam com frequência dos outros, das circunstâncias da sua vida, da má sorte que enfrentam ou do seu ambiente. Pessoas possuídas sempre criticam aqueles que estão felizes ou que têm sucesso, mas continuam sem fazer nada para se ajudar ou para ajudar os outros. Ficam só apontando os pontos negativos das pessoas à sua volta e acham que todos são seus inimigos. Mais tarde, começam a sentir que não são mais elas mesmas, que estão sendo controladas por algo externo. Percebem que sua vida oscila de um extremo a outro. Quando começam a sofrer de insônia ou caem na bebida ou nas drogas, podem acabar ficando incapazes de se afastar desse tipo de influência espiritual.

Uma das maneiras de evitar as influências espirituais negativas é manter uma abordagem sensata, racional. É muito importante manter uma mente lógica. Quando você está espiritualmente afetado de modo negativo, deve tomar algumas medidas iniciais concretas. Para começar, procure dormir o suficiente e tente cuidar da saúde e fazer o melhor possível para ficar em boas condições físicas.

Embora seja essencial manter-se fisicamente saudável, há outras armas que você pode usar nessa luta. A mais simples é a autorreflexão. Se você caiu sob uma influência espiritual negativa, não culpe só o espírito que o está afetando. As pessoas que ficam possuídas por algum tempo com certeza têm tendências e comportamentos que facilitam sua sintonia com um espírito malévolo em particular. Nesse sentido, você não está lutando só com o espírito que o possui, mas está envolvido numa batalha com o mal dentro de si. Quando você constata que está sofrendo um ataque do mal, é porque existe algo dentro de você que atrai esse mal.

Com a autorreflexão, você será capaz de lidar com as tendências negativas da sua mente. Ao fazê-lo, a influência logo se distanciará e você impedirá que qualquer outro espírito malévolo consiga encontrar espaço dentro de você. Se sentir que sua mente está sintonizada com o Inferno e que você está sob influências espirituais negativas, comece pelo que você pode fazer por si mesmo. Em situações como essa, a autorreflexão é a sua melhor arma.

Libertar-se dos Seus Apegos
O budismo ensina a nos livrarmos dos apegos, pois eles são a principal causa de sofrermos influências espirituais negativas. A raiz dos apegos é o mundo material, e os apegos costumam ser a fonte das nossas aflições. Em muitos casos, é através da preocupação e da ansiedade geradas pelos apegos que estabelecemos conexão com os espíritos malignos.

Se você sabe onde está seu apego, a saída é simples. Mas se você não consegue identificá-lo, pergunte a si mesmo no que você mais pensa durante o dia, naquelas horas em que está relaxado, sem se concentrar em nada em particular. Se identificar uma coisa à qual sua mente retorna a toda hora, talvez esteja aí o seu apego principal.

Você pode ter apego a algo que ocorreu no passado, como uma lembrança ruim da infância, uma ex-namorada ou namorado, ou algum tipo de confronto, por exemplo no trabalho. Ou talvez você fique pensando o tempo todo nas suas responsabilidades pessoais ou em problemas específicos. Se perceber que fica concentrado na mesma coisa não apenas um dia, mas várias semanas, então esse é o seu apego principal. Existem, porém, épocas em que os apegos também nos ajudam a atingir determinada meta. Se você suspeita que é esse o caso, certifique-se de que esse apego está voltado mesmo para um ideal e não é apenas algo que pode virar uma fonte de sofrimento. Esse último tipo de apego, ligado ao sofrimento, é o que os espíritos malignos usam para se conectar às pessoas. Sem dúvida, é por essa via que eles se insinuam. E é por isso que você precisa se livrar desses apegos.

Mas como proceder para erradicar apegos? Um dos métodos é alterar sua atitude, passando a dar, em vez de tomar. Outro método é mudar sua maneira de encarar uma determinada coisa. Por exemplo, se você não pensa em mais nada a não ser na questão da sua inteligência, talvez por sofrer de um profundo complexo de inferioridade, em vez de gastar o tempo se preocupando, utilize-o para estudar.

Outra opção é repetir para si mesmo: "Tudo é transitório. Todas as coisas materiais pertencem ao mundo material, que eu vou ter de abandonar um dia. No final das contas, a única coisa que realmente importa é a vitória da alma". Essa é uma maneira de se livrar dos apegos. Lembre-se de que a derrota neste mundo não é uma derrota na vida – a vida real da sua alma. Não tem a menor importância o que os outros pensam ou o modo como você é avaliado neste mundo. As opiniões do mundo material não têm nada a ver com a vitória final que você procura. Se mantiver a mente concentrada na batalha real, na vitória da sua alma, você será capaz de erradicar seus apegos, e assim que os puser de lado, poderá também se livrar de espíritos malignos perdidos.

Além disso, se perceber que está lidando com algo que é incapaz de mudar pelo próprio esforço, fique indiferente a isso e deixe que passe por você, sem nunca perder o controle da sua mente. Viva com o coração puro e siga adiante sem apegos, como a correnteza de um rio. Tente não ficar remoendo demais o passado. O que aconteceu já passou e não pode ser mudado. Mas o futuro, sim, *pode* ser mudado, e você deve fazer um grande esforço nesse sentido. Mesmo que continue arrependido pelo que ocorreu no passado, depois de se arrepender pelos seus erros, evite concentrar-se demais no que não pode ser mudado pelo arrependimento. Aproveite a vida ao máximo e procure se fixar nas lições da sua experiência, que irão ajudar a melhorar sua vida nas encarnações futuras.

Mesmo que você tenha sido bem-sucedido em afastar o espírito que o possuiu, se continuar com as mesmas preocupações, ele encontrará um jeito de voltar. Depois de expulsá-lo, empenhe-se em manter uma visão positiva da vida. Procure não deixar que suas vibrações pessoais fiquem em sintonia com as dos maus espíritos. Ou seja, assim que se livrar deles por meio da autorreflexão, passe a viver uma vida positiva e construtiva para assegurar que o comprimento de onda de suas vibrações nunca mais atraia as vibrações desses visitantes malignos.

Você precisa assumir a responsabilidade por qualquer perturbação espiritual que o afete e tomar a iniciativa de se libertar dela. A autorreflexão é a arma mais simples para combater as influências espirituais negativas. Observar-se com muita atenção é um aspecto importante do caminho para a iluminação e uma maneira de chegar à felicidade. O ponto de partida desse caminho é sempre você.

O Quarto Caminho –
O Princípio do Desenvolvimento

O quarto Princípio da Felicidade é o Princípio do Desenvolvimento. Ele pode ser explicado de vários modos, de acordo com o estágio de evolução espiritual da pessoa. E como a situação de cada um é diferente, não convém adotar a mesma explicação para todos os casos.

Você precisa primeiro examinar de perto sua própria mente e refletir sobre os conceitos de amor, conhecimento e autorreflexão vistos anteriormente. O que você conseguir a partir desses princípios será realizado como o Princípio do Desenvolvimento.

Se você dominar de maneira correta os Princípios do Amor, do Conhecimento e da Autorreflexão, o

Princípio do Desenvolvimento também fluirá na direção certa. Quanto ao Princípio do Amor, ele deve se voltar para amar os outros, pois, se você se preocupa apenas em receber amor e exercita sua força de vontade sempre nesse sentido, tanto você quanto aqueles à sua volta viverão infelizes. Quando você pratica de maneira correta o Princípio do Conhecimento, este passa a contribuir para o seu progresso e o do mundo, mas se os seus pensamento se voltarem na direção errada, eles trarão infelicidade. Você pode usar a autorreflexão para corrigir os erros que tiver cometido. É importante não ser egoísta e refletir sobre seus pensamentos e ações, pois aqueles que não se arrependem conduzem seus pensamentos numa direção negativa. Se usar a autorreflexão para estudar, analisar e achar respostas para cada um dos seus problemas, ingressará no caminho do desenvolvimento e dará aos seus pensamentos uma direção positiva. E se ao dominar o amor, o conhecimento e a autorreflexão você alcançar o Princípio do Desenvolvimento, então estará no caminho certo.

O Poder do Pensamento
Este princípio baseia-se essencialmente no conhecimento de que nós, humanos, somos seres espirituais e que o mundo espiritual é um lugar do pensamento, isto é, um lugar no qual os pensamentos se tornam realidade. Aqueles que acolhem pensamentos infernais irão reunir-se em grande número no outro mundo e, como resultado, criarão um verdadeiro Inferno. No reino do Inferno, os espíritos cau-

sam sofrimento uns aos outros numa existência de aflição e dor. Enquanto isso, todos os espíritos nos reinos celestiais ajudam-se mutuamente. O mundo espiritual é o domínio onde os pensamentos se realizam. Trata-se, na verdade, do Mundo Real. Os pensamentos são a verdadeira essência dos seres humanos, e o corpo é simplesmente um veículo ou um meio de manifestação desses pensamentos. É importante começar a encarar as coisas desse modo.

No nosso mundo da matéria, leva um certo tempo para que os pensamentos se tornem realidade. E também temos de usar várias ferramentas ou objetos para realizar nossos pensamentos. Por exemplo, precisamos de um certo tempo para viajar de um lugar a outro de carro ou de trem. Mas no mundo espiritual as coisas são bem diferentes. Ali, se queremos viajar de um lugar a outro, basta pensar no lugar de destino e já estamos lá. Tudo no domínio espiritual é instantâneo. Como observou o filósofo chinês budista T'ien-t'ai Chih-i (538-597): "Um pensamento nos conduz a 3.000 mundos". Tempo e distância não existem no Céu ou no Inferno, e essa ideia é profunda e até assustadora.

Ao pensar no mundo espiritual, dirija seu interesse para os planos mais elevados. Espíritos Divinos podem visitá-lo ou oferecer-lhe inspirações muito úteis. Mas se você mostrar muito interesse pelos espíritos que habitam o Inferno e se sintonizar com sua vibração, eles podem capturá-lo e ficar ao seu lado, o que é muito desconfortável. É importante não se interessar por esses espíritos.

Os pensamentos são muito poderosos. No nosso mundo da matéria, os pensamentos se realizam sempre a longo prazo – embora certas coisas possam obstruir a sua realização e eles nem sempre se manifestem de maneira direta. Ou seja, neste nosso mundo os pensamentos se solidificam aos poucos, como um fluxo de lava ao virar rocha. Pode haver leves diferenças na maneira como nossos pensamentos se manifestam, mas tanto os pensamentos bons quanto os ruins geram resultados. Isso ocorre porque todo dia damos passos concretos para realizar nossos desejos. Embora a manifestação de nossos pensamentos possa não ficar sempre óbvia, ela é inegável.

O fato de nossos pensamentos produzirem resultados associa nosso mundo ao Céu e ao Inferno. Por exemplo, alguém que tenha um forte desejo de matar outro indivíduo está criando um pensamento muito negativo e infernal. Essa pessoa pode acabar matando a outra, para grande prejuízo da própria alma, ou pode acabar sendo morta. Os pensamentos negativos sempre levam a resultados negativos e criam seu próprio Inferno. Se todos desejassem aos outros apenas coisas ruins, o mundo se transformaria num Inferno. Se, ao contrário, todos desejassem fazer os outros felizes, o Céu iria se estabelecer aqui na Terra. Nosso mundo material pode transformar-se num Céu ou num Inferno, dependendo do tipo de pensamentos que tivermos.

Essa é a base do Princípio do Desenvolvimento, e o ponto mais importante que você precisa entender. Segundo a lei do pensamento, tanto os bons quanto os maus pensamentos irão algum dia se manifestar. Os maus pensamentos atraem negatividade, enquanto os bons atraem o bem. Trata-se de uma lei do mundo espiritual, e ela sempre funciona desse modo. Para lidar com esse fato, você precisa ganhar compreensão dos bons e dos maus pensamentos, e então perceber que seus pensamentos têm a capacidade de operar mudanças concretas no mundo.

O Desejo de Criar Felicidade

Gostaria que você acreditasse que seus pensamentos sempre vão se realizar. Pode levar dez, vinte ou trinta anos, mas ele sempre se tornarão realidade no final. Mesmo que você não viva o suficiente para ver os resultados na Terra, será capaz de vê-los lá do mundo espiritual.

Vamos pegar como exemplo a vida de Jesus Cristo. Algumas pessoas afirmam que seu papel era o de salvador da humanidade, mas que ele foi crucificado e morreu antes de poder alcançar seu objetivo. As pessoas que encaram a situação dessa maneira podem achar que sua missão não se cumpriu. Afinal, até seus 12 apóstolos mais leais o negaram e fugiram. No entanto, apesar de Jesus ter morrido numa cruz de madeira rústica, seu desejo de salvar a humanidade foi concretizado após sua morte. Disso podemos concluir que os pensamentos às vezes parecem não se manifestar a curto prazo, mas com o passar do tempo tornam-se realidade.

Os eventos trágicos da vida de Jesus influenciaram o curso da história cristã pelos 2.000 anos seguintes. Embora o cristianismo seja em essência uma boa religião, o aspecto apocalíptico, que decorre da morte de Jesus, continua forte entre os cristãos, e isso levou a mais tragédias ao longo dos séculos. Como os pensamentos sempre se tornam realidade em algum momento, todos nós precisamos ter consciência e ficar atentos ao tipo de pensamento que alimentamos em nossa mente. É preciso levar em conta o que pode acontecer no futuro como resultado de um pensamento. Qual seria, por exemplo, o resultado, se um grande movimento fosse criado em decorrência das suas ações baseadas em determinado pensamento?

Se sua própria felicidade é do tipo que vai beneficiar o mundo e é seu desejo estender a felicidade genuína a todos, seus pensamentos estão corretos e não irão causar problemas, nem agora nem no futuro. Sua felicidade pessoal e a da humanidade deverão realizar-se como uma coisa só. Precisamos conciliar nossos pensamentos e trabalhar juntos pela felicidade da humanidade. Gostaria que você tivesse como meta contribuir para a felicidade do todo e construir uma felicidade pessoal voltada para alcançar esse fim.

Há pessoas que querem apenas conquistar suas próprias ambições, recorrendo inclusive a meios equivocados para isso. Mesmo que pareçam bem-sucedidas no nosso mundo, sem a Mente Correta essas pessoas podem vir a cometer maus atos. Se a meta final é simplesmente obter riqueza pessoal, elas podem muito bem se envolver em crimes para conseguir realizar seu desejo.

Quando se trata de seus próprios planos e ambições, você precisa examiná-los com atenção para ver se a conquista da sua meta contribui para a felicidade de toda a humanidade. Se seus pensamentos se voltam na direção certa, apoiam os outros e visam ampliar o reservatório de felicidade para todos os seus semelhantes, seja lá o que você almeje obter irá sem dúvida se realizar, por meio do seu esforço contínuo durante um período de tempo. Seu entusiasmo, seu esforço e o período de tempo pelo qual você trabalhar nisso serão os fatores determinantes para a extensão em que seu desejo irá se realizar. Essa é uma das leis da obtenção de progresso.

É minha profunda esperança que aqueles que estudam a Verdade sejam bem-sucedidos na vida, porque quanto mais bem-sucedido você for, maior será sua influência para o bem. Ao mesmo tempo, é importante que todos os que buscam a Verdade compreendam que nunca devem se tornar escravos do dinheiro ou ficar absorvidos em ganhar promoções ou, ao contrário, aumentar seu apego, ficando estagnados no mesmo cargo.

Desejo sinceramente que a felicidade alcançada neste mundo pelos adeptos da Verdade seja levada até o mundo espiritual após a morte. A Happy Science oferece ensinamentos claros sobre o outro mundo, e se você estudá-los é improvável que saia à procura do tipo de felicidade limitada apenas ao mundo material. Além disso, acreditamos que você não precisa ser miserável nesta vida a fim de ser feliz na próxima. Há grupos religiosos que transmitem mensagens desse teor, mas precisamos estar atentos para não plantar sementes novas de miséria na nossa jornada pela vida. É minha profunda esperança que as pessoas conquistem a maior felicidade possível neste mundo, assim como no outro. E sinto que é minha responsabilidade fornecer ensinamentos da Verdade para que se possa conseguir esse objetivo.

Desde que a sua felicidade neste mundo não seja conseguida à custa da dos outros, ela irá conduzir à felicidade no mundo espiritual. O melhor tipo de felicidade é aquele que faz feliz não só você, mas os outros também. É esse tipo de felicidade que eu gostaria que você conquistasse neste mundo e que levasse consigo ao voltar para o mundo espiritual.

Por isso, desejo que todos se desenvolvam e prosperem na sua profissão, sem criar apegos nem trazer dor aos outros, e usem a felicidade obtida como uma maneira de transmitir a Verdade àqueles à sua volta. Espero também que todos os que entrarem no sacerdócio desfrutem das experiências do verdadeiro crescimento espiritual, de um sentido real de desenvolvimento e, em úlitma análise, do sucesso enquanto almas.

Criar um Mundo Ideal na Terra

O Princípio do Desenvolvimento é um ensinamento altamente adequado à sociedade moderna. Em termos budistas, ele lida com a construção de uma terra de Buda – em outras palavras, uma Utopia aqui na Terra.

Meu mais profundo objetivo é transformar este mundo numa Utopia. Se formos capazes de construir uma sociedade ideal, isso resultará numa diminuição do Inferno. Na verdade, mesmo trabalhando juntos podemos não eliminar o Inferno de uma vez, mas nosso primeiro passo nessa estrada é cortar o alimento de que os espíritos no Inferno necessitam. O ciclo vicioso de almas infelizes e desorientadas que constantemente entram no Inferno prossegue. Para evitá-lo, temos de transformar nosso mundo numa Utopia, ou seja, num mundo celestial. Uma vez conseguido isso, esses espíritos que residem no Inferno começarão a refletir sobre a vida deles e irão aos poucos ascendendo aos reinos celestiais.

Primeiro, devemos transformar nosso planeta em um mundo ideal, onde a maioria das pessoas conheça a Verdade, explore a Mente Correta e se esforce para praticar os Princípios da Felicidade.

Depois que descobrir a própria felicidade, não pense que o seu trabalho terminou. Se sua felicidade foi conseguida despertando para a Verdade, então é seu dever estendê-la aos outros para mudar a sociedade inteira. O Céu que existe no mundo espiritual não é suficiente para Deus. Ele deseja muito que o nosso mundo material, tantas vezes similar a um lago de lama e próximo do Inferno, se transforme numa Utopia. Com esse objetivo em mente, muitos dos Grandes Espíritos Guias de Luz, anjos e *bodhisattvas* estão sendo reencarnados no mundo. Aqui eles fazem esforços extremos para espalhar a Verdade e salvar pessoas, mesmo que para isso tenham de enfrentar grandes dificuldades.

Em algum momento, você vai deixar este mundo. Nessa hora, irá de fato se conscientizar dos esforços que os anjos têm realizado dos seus reinos celestiais para dar suporte às almas encarnadas no mundo terreno. Ficará impressionado e mal conseguirá conter as lágrimas de gratidão por eles. Os anjos continuam a fazer esforços persistentes e sofridos para ajudar as pessoas na Terra a trilharem o caminho da felicidade. Se você considerar o grande número de seres humanos que existe nesse mundo, perceberá o quanto a tarefa desses anjos é realmente árdua e ingrata. Agora que sabemos tudo o que os anjos fazem por nós, que vivemos na Terra, aqueles que estão despertos para a Verdade devem sempre redobrar os esforços para transformar nosso planeta numa Utopia, no lar de Deus.

Todos devemos ter como meta plantar as sementes da iluminação, praticando a doação de amor. Comece agora, empenhando-se para criar uma Utopia na cidade em que vive. Você pode ajudar a transformar sua escola, empresa, sociedade, seu país e o mundo, de modo a criar um ambiente cheio de amor e de luz. Até mesmo viver dentro de uma família feliz é um começo, porque se cada família for abençoada desse modo, a jornada rumo à Utopia terá começado. E seu esforço para aumentar a luz e iluminar o mundo, depois de iniciado, deve prosseguir pelo resto da sua vida aqui na Terra.

Dentro de nós há uma chama divina. Quando você desperta para a Verdade, essa chama brilha. Se mantiver essa luz só para você, ela sempre será uma chama única, solitária. Mas, se espalhar essa luz para as pessoas à sua volta e ajudá-las a acender sua própria chama, então serão duas, vinte, mil e depois um milhão de chamas, na medida em que todos disseminam sua luz para aqueles ao redor. O resultado será impressionante, com a luz se propagando em todas as direções. E você não perderá absolutamente nada espalhando essa luz, porque, apesar de todas as outras chamas que ajudou a fazer brilhar, a sua ainda brilhará firme e resplandecente.

Precisamos começar neste exato momento – e continuar sempre dobrando e redobrando nossos esforços para afastar a escuridão e iluminar o mundo. Esse é o sentido de criar um lar de Deus, a Utopia na Terra.

Capítulo 5

CRIAR O CÉU
NA TERRA

---※---

Quando me perguntam qual a diferença básica entre os humanos e os animais, minha resposta é que os humanos são capazes de pensar e de abraçar um ideal. É essa a qualidade que pode guiar nossa espécie para tais alturas. É por isso que tantas religiões pregam que "O Homem é o senhor da criação" ou que "Os seres humanos são os mais próximos de Deus em toda a criação".

Se você não consegue definir seus ideais ou perde a capacidade de lutar por eles, isso indica que você é um perdedor na vida. Se, por outro lado, você continua a abraçar um ideal, não importa as dificuldades que enfrenta, e apesar de todo o volume de trabalho necessário nessa sua trajetória, você será um vencedor em cada um dos dias da sua vida. Essa demonstração de força interior é uma prova de seus esforços e vitórias, não importa os resultados exteriores.

Felicidade Pessoal e Felicidade Coletiva

Na Happy Science, temos pesquisado dois conceitos específicos relacionados à minha teoria da Utopia e que constituem o alicerce dessa teoria. São os conceitos de "felicidade como um fim" e "ciência como um meio", que inspiraram até o nome da organização – Happy Science, ou Ciência da Felicidade. Colocando-se em termos básicos, tentamos encontrar a resposta à questão: "O que precisamos fazer para chegar à felicidade e qual é a melhor maneira de empreender essa jornada?". Mas, primeiro, talvez seja válido você perguntar: "O que realmente vocês querem dizer com felicidade?".

A felicidade vem em duas formas distintas: pessoal e coletiva. A felicidade pessoal refere-se à satisfação e à paz mental de um indivíduo, enquanto a coletiva se aplica à sociedade como um todo. O que procuramos na Happy Science são as duas formas de felicidade, e ambas constituem a Utopia que propomos. Nosso objetivo é criar uma sociedade na qual todos os indivíduos transbordem de realização pessoal, satisfação e alegria, e também um mundo onde esse estado mental não fique restrito só a alguns, mas possa ser desfrutado absolutamente por todos.

A melhor analogia que me ocorre é bastante próxima da sensibilidade dos japoneses. No Japão, as pessoas têm um amor imenso pelas cerejeiras, que toda primavera fazem brotar uma infinidade de flores. Essas flores não aparecem uma por vez, mas todas juntas, criando um espetáculo que alegra os olhos e eleva o espírito. A floração da cerejeira resume a beleza da primavera, mas não é uma única árvore que torna o espetáculo tão esplêndido. É o fato de todas as cerejeiras florescerem ao mesmo tempo, demonstrando a beleza da harmonia.

A cerejeira ilustra bem a ideia de felicidade pessoal e coletiva. Cada árvore se concentra em produzir suas próprias flores simultaneamente, o que é análogo a conseguir a felicidade como indivíduo. E o fato de todas as cerejeiras florescerem ao mesmo tempo é uma metáfora perfeita da felicidade coletiva. Se o Japão não tivesse tantas cerejeiras em seus jardins e campos, seria triste e vazio na primavera, do mesmo modo que nenhuma sociedade certamente será uma verdadeira Utopia se não tiver amor florescendo por toda parte, ao mesmo tempo.

É possível partir em busca de nossa própria felicidade, mas só conseguiremos a primavera da humanidade quando cada um de nós expressar genuíno afeto, compaixão e felicidade, voltados para a obtenção de uma felicidade maior, compartilhada pelo mundo inteiro. Pois chegou a hora da primavera, e essa hora é agora. Nossa sugestão é criar uma Utopia, e que essa estação de entusiasmo se estenda a toda a humanidade.

Não há época melhor para o florescimento de um mundo utópico do que este exato momento. Uma cerejeira não pode fazer suas flores brotarem no verão, no outono ou no inverno; só na primavera é que todos os fatores se combinam para permitir que a árvore floresça. Do mesmo modo, somente quando combinamos nossos recursos, quando Deus quer que façamos isso, é que podemos realizar o Céu na Terra e chegar à verdadeira Utopia que procuramos. É importante lembrar das estações do ano ao pensar na Utopia e na realização da felicidade dentro dela, e lembrar também de se afastar um pouco para perceber o esquema mais amplo das coisas.

A Felicidade Vem da Iluminação

Talvez você se pergunte por que são necessários dois tipos de felicidade. Para responder a essa questão, vale a pena analisar primeiro a felicidade pessoal. Quando é que nos sentimos felizes? É quando estamos satisfeitos de alguma forma, quando rimos com gosto ou quando conseguimos o respeito dos outros? Há diferenças no nível de felicidade que as pessoas sentem sob diversas circunstâncias. Algumas ficam felizes e satisfeitas se conseguirem atender às suas necessidades diárias de sustento. Mas na Happy Science procuramos alcançar uma forma mais elevada de felicidade pessoal: a conquista da iluminação. Consideramos qualquer coisa abaixo disso como uma felicidade derivada, *a caminho da* iluminação.

Podemos dizer que a iluminação pessoal é sinônimo de felicidade pessoal. Mas como e por que a iluminação leva à felicidade? A primeira razão é que, para as pessoas que vivem aqui, no mundo material, a verdadeira iluminação é difícil de obter. Faz parte da característica do nosso mundo que as pessoas fiquem mais satisfeitas quando conseguem algo difícil de obter. Só quando você tiver se esforçado muito para obter a iluminação é que o treinamento espiritual que recebeu na vida se tornará valioso.

Em segundo lugar, é a iluminação que transforma a felicidade pessoal em felicidade coletiva. A iluminação tem dois aspectos. Já vimos o primeiro deles, a felicidade pessoal, que deriva da experiência de uma alegria pessoal interior. Mas depois de alcançar a felicidade da iluminação pessoal, você não poderá evitar ter pensamentos altruístas e isso fará com que sua alegria pessoal seja transmitida aos outros. Esse é o segundo aspecto da iluminação. O próprio ato de trabalhar pela iluminação significa estar consciente da sua missão em relação à humanidade, junto com o fato de compreender de onde você vem e para onde está indo. Quando se desperta para a missão original da vida humana, não se consegue mais ficar sentado só observando. Partir para a ação torna-se inevitável.

Uma vez que tiver consciência de sua missão na vida, você tomará um rumo bem definido, em direção à boa vontade e a um altruísmo incontidos. Se você começa a sentir que a única alternativa é amar os outros, se deseja ter uma influência positiva no mundo à sua volta e tornar felizes todas as pessoas que encontra, isso é puro altruísmo. Na sua forma mais básica, a iluminação é a "consciência da missão da humanidade" e também a "consciência da sua missão pessoal". A iluminação leva ao bem e, em última instância, à realização da felicidade coletiva, da felicidade de todos.

É inevitável que em algum momento no futuro você parta deste mundo. Quando estiver de volta ao mundo espiritual e avaliar o que realizou em sua encarnação terrena, pensará com frequência em como contribuiu ou não para o bem maior, e todas as almas acabam se arrependendo por suas falhas na maneira como contribuíram para a felicidade coletiva. Não importa se sua vida foi dinâmica ou apaixonada, se você foi profundamente intelectual ou contemplativo, sua alma não estará satisfeita se você constatar que falhou em levar o maior número possível de pessoas a serem felizes. Nunca se consegue fazer o suficiente, e o trabalho nunca está concluído.

Até mesmo os Anjos de Luz choram de arrependimento depois que deixam a Terra e relembram a vida que tiveram aqui. Não importa o quanto tenham realizado, eles ainda assim pensam: "Poderia ter sido diferente. Eu deveria ter amado mais e ajudado mais as pessoas a realizarem seus sonhos. Consegui muito pouco nesse sentido".

Muitos Anjos de Luz, e outras pessoas a caminho de se tornarem anjos, estão vivendo entre nós. Em algum momento, essas pessoas irão experimentar um despertar espiritual, lembrar a missão que prometeram cumprir e, então, tomarão o caminho da aprendizagem e da transmissão da Verdade, ajudando a guiar outros indivíduos para a Verdade. Porém, embora muitos anjos despertos acreditem que encontraram o caminho para a sua vocação no fim da vida, ao olharem para trás e verem a distância que percorreram, todos sentem um desapontamento. Por isso, mais do que olhar para sua vida atual da perspectiva do presente, é importante que você tente examiná-la do ponto de vista de quem está abandonando este mundo. Pense nos anos que pode ter perdido e em quantos ainda lhe restam. A cada hora que passa, você deve renovar a determinação de trabalhar para se aprimorar.

Se pensar dessa maneira, irá encontrar a paixão brotando de seu interior. Se isso não acontecer, talvez esteja falhando em seu objetivo derradeiro como ser humano. Viva uma vida positiva e continue a oferecer o máximo de coragem e de luz ao maior número possível de pessoas.

Se você reavaliar sua vida sob esse prisma, terá uma forma de despertar espiritual, uma experiência a ser compartilhada com os outros. A Happy Science foi criada com o intuito de oferecer ao maior número possível de pessoas a oportunidade de ter essa experiência por meio de seminários. Esse foi o propósito original da organização, que deve ser mantido vivo.

Felicidade Quieta e Felicidade Ativa

Em geral, há dois tipos de felicidade: a quieta, que enfatiza a satisfação, e a ativa, que representa o progresso e o desenvolvimento. Com a felicidade quieta, sabemos como ficar satisfeitos, mas a felicidade ativa nos dá a alegria de ver que estamos crescendo e progredindo. Imagine que você está sentado com uma xícara de chá, relaxando no final de um dia agitado. Talvez se sinta feliz ao constatar que o dia terminou bem e que os membros da sua família estão saudáveis e satisfeitos. Esse tipo de felicidade é uma forma familiar de felicidade, baseada na satisfação. Não há nada de errado com esse estado mental, mas ele é pouco dinâmico.

Agora pense nas diversas pessoas que ao longo da história encararam a felicidade de um ponto de vista mais ativo e dinâmico. Elas eram líderes e empregaram toda a sua coragem, força e talento para comandar outras pessoas, aproveitando a impressionante luz de boa vontade e de julgamento sábio que brilhava dentro delas. Esses indivíduos transformaram sua estadia na Terra em momentos decisivos da história. Fizeram com que todos soubessem que a felicidade do homem nunca pode estar na inatividade ou na passividade, que, em vez disso, ela reside no que é ativo e vigoroso. A felicidade ativa aspira sempre a conquistar progresso maior e melhor, e tem um poder extraordinário. Basta olhar para os feitos históricos de muitas personalidades para descobrir que houve um poder notável alimentando sua obra e que este sempre contribuiu para o progresso da humanidade e melhorou a sorte de todos.

Assim, que tipo de felicidade é melhor: a quieta ou a ativa? Como todo mundo, em algum momento da vida você com certeza deve ter se sentido dividido entre essas duas alternativas e talvez tenha achado difícil saber qual das duas é a melhor maneira de ser feliz.

Os líderes religiosos, desde os tempos antigos, nos dizem que a verdade está situada entre dois extremos. Se você se sente atraído por duas possibilidades conflitantes, no final talvez acabe admitindo que ambas têm algo a oferecer e que cada uma pode ser necessária à sua maneira. Assim, a felicidade quieta e a felicidade ativa podem ser comparadas respectivamente ao pedal do freio e ao pedal do acelerador de um carro. Do mesmo modo que o freio e o acelerador afetam o carro, esses dois tipos de felicidade afetam você quando está dirigindo o veículo da vida.

As pessoas às vezes ficam muito empolgadas quando levam a vida num ritmo frenético. Elas precisam ser lembradas sempre da felicidade que pode ser obtida da simples satisfação. O problema é que essas pessoas estão tão ocupadas e ativas e vivem tão freneticamente que podem, sem perceber, acabar atrapalhando os sonhos das outras e torná-las infelizes. Em outras palavras, em sua ansiedade de se dedicar totalmente à própria visão, acabam sendo a fonte do sofrimento de outras.

Felizmente, a vida tem um mecanismo de autorregulação e traz provações e contratempos a esses indivíduos que ficaram absortos demais em si mesmos. As dificuldades da vida dão a eles então a oportunidade de lembrar que existe um tipo de felicidade que também pode ser vivido no momento presente.

Por outro lado, aqueles que sabem como ficar pessoalmente satisfeitos tendem a cair na rotina e podem passar a vida sem objetivo algum. Precisam ser lembrados de que também dispõem de um pedal de acelerador no seu veículo da vida e que devem acioná-lo de vez em quando, caso contrário não serão capazes de avançar. Tais pessoas podem se sentir seguras ficando quietas, porque talvez imaginem que estão numa tranquila estrada de terra, mas com frequência a vida é como uma rodovia expressa. Elas podem estar satisfeitas em ficar sentadas no meio da estrada, mas acabam obstruindo o caminho dos demais carros que vêm atrás, buzinando enlouquecidos, querendo passar.

Essa analogia dos carros me lembra o filme *Rain Man*, ganhador do Oscar, no qual o ator Dustin Hoffman faz o papel de um autista chamado Raymond, um rapaz perfeccionista e muito inflexível. Numa das cenas desse filme, o personagem está atravessando uma rua pela faixa de pedestres quando lê no semáforo vermelho a palavra "Pare". Em vez de apertar o passo até a outra calçada, ele interpreta a ordem literalmente e para onde está, bem no meio do cruzamento. Indiferente aos carros que buzinam e aos motoristas que gritam com ele, Raymond recusa-se a dar um passo. A cena é até divertida, mas me fez pensar que existem muitas pessoas na vida bem parecidas com Raymond. São aquelas que se satisfazem com o tipo de felicidade voltada para si mesmas, que muitas vezes exclui o bem-estar e a felicidade daqueles ao seu redor.

Por outro lado, pessoas que tendem a ser muito ativas e vivem num ritmo alucinado precisam ser lembradas de como a felicidade quieta também pode ser boa. Ou seja, todo mundo precisa aprender a usar o freio e o acelerador na hora certa e na situação adequada para funcionar bem como membro da sociedade. Se o trânsito anda devagar, você precisa ser capaz de operar os dois pedais adequadamente. E também precisa levar em conta que as condições de trânsito de uma determinada rua mudam com frequência, conforme o horário ou o dia da semana. Em nossa busca da felicidade, cada um de nós deve procurar a harmonia, abranger os opostos e não se fixar exclusivamente em um dos extremos.

A Verdade Universal, a Verdade de Deus

Para conseguir um equilíbrio entre essas duas formas de felicidade, precisamos de algum método que nos permita obter a felicidade pessoal e ao mesmo tempo praticar a felicidade coletiva. Na verdade, a felicidade pessoal deveria levar naturalmente a uma harmonia maior com o resto da sociedade e contribuir para a evolução da humanidade como um todo, pois essa é a essência da felicidade coletiva. Isso nos leva à Verdade Universal, que tem sido pregada ao longo dos séculos. A Verdade Universal, a Verdade de Deus, está diretamente voltada para conseguir maior harmonia entre a felicidade pessoal e a coletiva. Essa é também minha teoria da Utopia.

Na realidade, em algum grau a Verdade Universal já está operando na sociedade. Os preceitos que a maioria de nós aceita sem discussão e que definem a forma como vivemos enquanto seres humanos não são necessariamente herdados da religião e da filosofia. Todos aqueles que foram criados de maneira adequada aprenderam boa parte disso automaticamente, mesmo que seus pais não estejam ligados a alguma religião. Regras básicas como "Você não deve roubar" e "Você não deve usar de violência contra os outros", junto com a compreensão de que "Você não deve quebrar sua palavra", estão implícitas nas leis da maioria das nações. São, em grande parte, o resultado de um consenso da humanidade.

De fato, todos esses imperativos morais se originam da Verdade Universal. Sem eles, nosso mundo viveria num estado de caos, e o caos é o oposto exato da ordem, que é Deus. A existência desses imperativos morais contribui para manter a felicidade do maior número possível de pessoas. É por isso que a Verdade Universal – essência de todas as verdades religiosas – nunca deve ser relegada a um canto da mente dos seres humanos. Ela é um caminho amplo e glorioso e é, de fato, o caminho central da nossa vida.

A Happy Science trabalha diariamente para informar o maior número possível de pessoas de que as Verdades de Deus são as Verdades do universo cósmico, que têm existido ao longo da história da humanidade. Elas representam o caminho central para todas as coisas do universo, e é delas que se originam todos os outros caminhos, inclusive os do crescimento e da prosperidade.

Espero sinceramente que, em vez de apenas encarar a Verdade Universal com curiosidade ou como um assunto secundário, você se orgulhe de estudá-la e compreenda que, ao fazê-lo, está caminhando de maneira direta e genuína por essa via dourada. A Verdade Universal não pode ser marginalizada e deve permanecer na essência da nossa compreensão da vida. Ela é, na realidade, o maior caminho da vida que qualquer pessoa pode escolher.

Vejamos a seguir os princípios que conciliam a felicidade pessoal com a coletiva sem afetar negativamente nenhuma das duas. Esse é o ponto de partida do pensamento utópico. Essa é a essência da Verdade Universal.

A Criação de Almas

Que força cria esta Utopia, de que a felicidade do indivíduo e a da sociedade como um todo podem ser realizadas? Onde podemos encontrar a essência dessa força? Eu gostaria de discutir isso sob dois pontos de vista. O primeiro está exemplificado na pergunta "Por que brota dentro de nós o desejo de sermos felizes?" e o segundo, na pergunta "Por que a felicidade da sociedade é necessária?"

Uma das razões pelas quais um indivíduo quer ser feliz é que esse desejo corresponde a um anseio da alma. Quando entramos neste mundo, nossa alma não esqueceu totalmente que se originou do Deus Primordial. Bem lá no fundo, essas lembranças persistem. Há um elemento dentro da nossa alma que às vezes pede paz e outras vezes nos motiva para o progresso e a ação. Esses sentimentos são possíveis devido à saudade que nossa alma sente da sua origem.

Tenho certeza de que cada pessoa que lê este livro deseja ser feliz e manter esse estado no futuro. Você provavelmente também admitiria que ser feliz é muito bom, algo que eleva a alma. Os outros se sentem exatamente da mesma maneira, e aquilo que lhe agrada também agrada aos outros. Na Bíblia, há uma afirmação que é tão verdadeira hoje como há 2.000 anos: "Ama ao próximo como a ti mesmo". Se todos pararmos para pensar nisso um momento, veremos que esse desejo de ser útil ao próximo e de ajudá-lo no que for possível é inerente a todas as pessoas. É a essência da regra de ouro da vida. Se tudo aquilo que você faz serve apenas para desagradar aos outros e torná-los infelizes, é sinal de que a regra de ouro não está sendo respeitada.

Um fato curioso deste nosso mundo é que as pessoas parecem viver separadamente, mas, na realidade, as almas de todos os humanos estão interconectadas pelos neurônios de Deus. Em outras palavras, parte da própria essência e do pensamento de Deus tem sua existência dentro de cada um de nós. Essa situação não é estática; ela pode ser comparada aos vasos sanguíneos do corpo humano. Esses vasos sanguíneos de Deus são invisíveis ao olho humano, mas apesar disso se dividem e se espalham pelo universo inteiro, como uma grande rede estendida por toda parte. Essa malha da essência de Deus não está disponível apenas a nós; ela liga todos os elementos e tipos de vida na Terra. É essa a razão pela qual, embora às vezes possamos achar o contrário, não estamos nunca separados: somos parte de um grande todo.

Nossa alma lembra-se vagamente de um tempo distante, tão distante que chega a ser inimaginável. Houve um momento em que nossa alma se separou do Deus Primordial. Isso ocorreu há trilhões de anos, quando um ponto lá na vastidão do espaço, que era também parte da consciência de Deus, de repente explodiu numa miríade de partículas de luz, cada uma com sua própria individualidade e suas próprias conexões com Deus. Essas inumeráveis centelhas de luz se tornaram nossa alma. É por isso que se diz que o ser humano é "filho de Deus" ou "filho da Luz".

Não confunda esse evento com aquelas ocasiões em que uma estrela explode ou se fragmenta em pedaços. A infinidade de luzes que passaram a existir como almas não eram feitas de matéria física; tinham uma composição totalmente espiritual. Visto da perspectiva do espírito, esse evento magnífico representou uma imensa difusão de energia do mundo espiritual, que se espalhou pelo universo inteiro.

Essas partes da energia de Deus se difundiram por recantos cada vez mais distantes de seu ponto de origem, mas continuaram ligadas ao todo por meio do que poderíamos chamar de uma artéria, como se fosse um sólido vaso sanguíneo. Quando isso ocorreu, essas artérias principais se tornaram a fonte básica de energia dos conglomerados de estrelas que existem por todo o universo. Uma dessas "artérias" corre pela Via Láctea e pelo Sistema Solar. Conforme cada uma dessas partes de energia se espalhou, ela se ramificou em artérias menores e capilares, mas as conexões menores nunca foram cortadas. Desse modo, o universo inteiro continua ligado como uma vasta rede de energia espiritual. Esse não foi um acontecimento isolado. Ele passou por várias fases. A mais antiga teve lugar há 20 bilhões de anos, e as mais recentes difusões espirituais da nossa galáxia ocorreram há 3 bilhões de anos. Esse é um dos fatos do universo que você não lerá em nenhum livro científico; na realidade, esse é o segredo do universo.

Em determinados períodos, com intervalos de bilhões de anos, vários núcleos de energia espiritual se formaram em diversas partes do universo, cada um se expandindo e criando uma nova rede de vida, novas árvores genealógicas, onde quer que sua influência fosse sentida.

Com o passar de 1 bilhão, 2 e depois 3 bilhões de anos, em volta e ao longo de artérias e capilares menores da rede de energia de Deus – essa majestosa árvore genealógica –, várias formas de vida passaram a existir nos planetas.

Quando essas diversas formas de vida surgiram, Deus não pretendeu que elas assumissem uma forma fixa imediatamente. Todos os tipos de plantas e animais que passaram a existir na Terra e em outras partes estavam destinados a mudar e a se diversificar. Durante um período imensamente longo, os elementos da vida assumiram formas mais evoluídas e adequadas ao seu ambiente e ao seu propósito. Como isso sugere, as primeiras formas de vida tornadas possíveis pela presença da energia de Deus eram simples, mas com o passar do tempo se desenvolveram e constituíram formas mais complexas, do tipo que vemos hoje à nossa volta.

Pelo fato de termos nascido de Deus, carregamos a mesma natureza divina. É um fato profundo e belíssimo que somos os filhos de Deus, porque nossa alma uma vez teve, e ainda tem, a substância Dele. Essa é a absoluta Verdade sobre a origem de nossa alma.

Como filhos de Deus, temos consequentemente os mesmos objetivos: o progresso e a harmonia, os dois principais objetivos que Deus estabeleceu ao criar o universo. Trazemos esses dois objetivos na essência da alma como um ideal interior. É por isso que alimentamos na alma o anseio de evolução – um desejo de progredir e de nos desenvolver – e o anseio de harmonia, que se expressa na busca de paz e beleza. A razão pela qual nos esforçamos pela paz e pelo progresso ou pela harmonia e pelo desenvolvimento está diretamente ligada ao fato de sermos todos filhos de Deus. Nossa busca de felicidade é a prova irrefutável de nossa unidade com Ele. Somos todos formas de vida às quais foram atribuídas missões sagradas. Os grandes objetivos que nos foram confiados estão na própria raiz de nossa vida, e a luz de Deus brilha em todos nós.

Os princípios de progresso e harmonia não se limitam a todas as formas vivas da Terra, mas também estão presentes bem longe do nosso pequeno planeta, nas raças sencientes espalhadas pelo universo. O nível de progresso que alcançamos aqui, no entanto, não é igual em toda parte. Embora a vida tenha tido o mesmo ponto de partida, ela evoluiu bem mais em algumas regiões do universo do que em outras. Ou seja, alguns estão mais adiantados, e outros, mais atrasados. Há áreas do espaço muito desenvolvidas, e outras ainda em estágios primitivos.

Em geral, aqui na Terra continuamos ignorantes das muitas raças que existem no universo. Algumas delas têm visitado nosso planeta; aqueles que escolheram examinar isso com mais atenção sabem que existem provas de sobra, mas de momento a presença desses seres entre nós ainda não é amplamente reconhecida.

Na realidade, o governo dos Estados Unidos já sabe da existência de vida extraterrestre. A Força Aérea norte-americana tem grande volume de informação a esse respeito e vem mantendo contato com extraterrestres.

Em outros planetas, há formas de civilização muito mais avançadas que a nossa. Algumas estão 2.000 anos à frente, outras até 6.000 anos. Seres de outros planetas já vivem aqui entre nós. Um grupo muito grande veio de um conglomerado de planetas localizado nas Plêiades e hoje compõe a maior parte dos extraterrestres que visitam a Terra. No entanto, eles não migraram para cá em sua forma física, mas como almas, e encarnaram no planeta como humanos. Na realidade, existem planos de uma migração física oficial no futuro, e os que nasceram na Terra estão cuidando dos preparativos.

Essa migração começou na virada do século, e as pessoas aqui na Terra começam a se dar conta desse fato.

A migração será lenta no século 21, continuará em volume crescente ao longo dos séculos 25 e 28 e depois, de modo contínuo, até o século 30. Esses seres virão para cá em grande número.

Similarmente, muitos habitantes da Terra irão deixar o planeta; alguns o farão espiritualmente, em forma anímica, outros sairão fisicamente, atravessando o espaço. Eles escolherão migrar tanto para sociedades mais avançadas, para aprender novas coisas, como para lugares em desenvolvimento, que ofereçam maiores possibilidades criativas. Isso terá lugar nos próximos dez séculos na Terra, e os leitores deste livro irão nascer aqui pelo menos uma ou duas vezes nesse período, quando terão a oportunidade de ver esse fenômeno acontecendo. Os planos e preparativos necessários começaram há muito tempo no mundo espiritual.

Como já afirmei, a natureza essencial dos seres humanos se originou de Deus. Éramos parte Dele, nos separamos e fomos criados à Sua semelhança. Portanto, somos todos filhos de Deus. Isso vale também para todos os demais seres que vivem em outros planetas; eles são nossos "irmãos do espaço", e também vivem segundo as leis divinas, inclusive as do progresso e da harmonia.

O grande espírito, que conseguiu um nível mais elevado de espiritualidade que o da Terra, está sempre considerando as diferenças de ritmo com que cada planeta habitado e suas formas de vida evoluem e refletindo sobre o que pode ser feito para trazer maior desenvolvimento e prosperidade ao resto da criação, e de que modo isso pode ser feito. A situação é muito complexa, mas, como exemplo, esse grande espírito irá avaliar os espíritos na Terra que já alcançaram certo grau de iluminação e considerar como pode ajudá-los a crescer ainda mais. Ele avalia que tipo de lugar pode ser mais adequado para o treino da alma deles e se dez, vinte ou uma centena de encarnações na Terra iriam de fato beneficiá-los ou se seria melhor para a evolução da alma deles reiniciar outras encarnações em alguma parte completamente diferente do universo. Assim, a ideia de evolução e harmonia – progresso e harmonia – é aplicada não apenas ao nosso pequeno mundo. Existe um grande ser que vê tudo sob uma perspectiva mais ampla, muito acima da Terra, e que coloca as conclusões em prática.

Você pode perguntar: "Então por que a humanidade, cuja natureza a leva a procurar a felicidade pessoal, também precisa almejar a felicidade coletiva e o bem-estar de todas as formas de vida?". A resposta é que todas as luzes inumeráveis, as almas que foram criadas há tanto tempo como parte do Deus único, têm o mesmo desejo irreprimível de voltar à sua fonte, de ser de novo parte de Deus. É como se fôssemos todos crianças, enviadas para uma grande viagem educacional, sempre procurando voltar para a casa dos pais, carregadas de suvenires de felicidade pessoal e ansiosas para compartilhar sua alegria. É assim que se cria a felicidade coletiva. É importante ter essa analogia em mente porque essa grande volta para casa é, por si, o movimento de criação da Utopia ou do lar de Deus na Terra. Esse é o mais ardente desejo e a meta derradeira da Happy Science.

Os seres humanos foram criados, com seus inúmeros parentes sencientes, como resultado de uma divisão a partir de Deus, e em decorrência disso suas almas unificadas carregam um grande propósito. A manifestação mais importante desse propósito é o desejo que todas as almas têm de voltar para o "Deus único", e uma das expressões disso no nosso mundo é o esforço para criar uma Utopia na Terra. A euforia experimentada pela alma quando vivia em unidade com Deus permaneceu, e parte das instruções dadas às novas almas foi recriar essa mesma euforia celestial para onde quer que elas fossem enviadas.

Vamos supor que um grande número de pessoas que estejam atualmente estudando os ensinamentos da Happy Science alcancem a felicidade como resultado de sua iluminação. Elas podem dizer: "Estamos realmente felizes e adorando estar juntas". Claro que eu ficaria satisfeito com isso, mas daria a elas a seguinte instrução: "Não importa o quanto se sintam felizes por estarem juntas, conseguindo sua iluminação, sua obra com certeza ainda não está concluída. Não devem ficar satisfeitas apenas com isso, e sim procurar manter um desejo muito forte de passar a sua alegria aos outros". Minha mensagem aos iluminados é que ajudem os outros a alcançarem a felicidade. Que lancem as sementes da felicidade em outros lugares, que ajudem a felicidade das demais pessoas a florescer, do mesmo modo que eles mesmos encontraram essas sementes e as viram florescer. Eu diria a todos: "Vocês podem ficar muito felizes e satisfeitos de estar juntos em seu grupo, mas cada um de vocês deve se tornar uma semente que possa germinar e crescer para criar a mesma felicidade por toda parte". Isso é uma pequena versão do que está acontecendo em todo o universo.

Por fim, gostaria de dizer que a felicidade num pequeno grupo é apenas uma felicidade de âmbito limitado. Mas a felicidade de cada indivíduo dentro desse âmbito limitado pode ser amplificada. A felicidade expandida desse modo cria ainda mais felicidade. Na Happy Science, estamos sempre colocando essa ideia em prática.

A Missão da Humanidade

Precisamos agora reconsiderar a missão da humanidade. Por que recebemos personalidades diferentes, temos de nascer neste mundo, passar por um treinamento espiritual e depois voltar ao outro mundo? Acontece que Deus, que criou o cosmos inteiro, concebeu as leis do universo a fim de combinar dois objetivos aparentemente conflitantes. São eles a "evolução infinita" e a "grande harmonia". Deus concebeu os seres humanos para que desempenhassem o papel de praticantes das leis do universo. Para isso, foi necessário que Ele pregasse as leis do universo de um modo aplicável à sociedade humana. Essas leis são as Verdades que os Grandes Espíritos Guias de Luz têm procurado estabelecer na Terra ao longo da história. Em resumo, a Verdade que estivemos explorando é um manual que nos ajuda a aprender e a experimentar a lei do universo, o Darma – a lei –, que objetiva realizar a evolução e a harmonia na Terra.

Ao governar o universo, Deus confiou ao grupo espiritual de cada planeta a missão de implementar as leis que Ele concebeu. Portanto, assim como os inúmeros outros grupos espirituais que existem por todo o universo, os habitantes da Terra têm responsabilidade por sua operação, como uma comunidade autônoma entre as muitas outras do cosmos.

Deus estabeleceu o princípio básico de governo de que cada grupo espiritual seria uma comunidade autogovernada, na qual os espíritos mais avançados iriam se esforçar para tornar-se representantes da Sua vontade, e atribuiu a esses espíritos mais avançados responsabilidade e liderança para cuidar do grupo. De certo modo, esse sistema permitiu que tais espíritos avançados crescessem e evoluíssem ainda mais para ficar mais perto de Deus.

Foi dada aos habitantes de cada planeta a tarefa de lutar pela criação de uma Utopia, e pessoas de todos os tipos estão se empenhando ao máximo para tornar seus próprios mundos radiantes e aptos para as leis divinas. Todos os indivíduos de uma determinada sociedade são responsáveis pela construção do Céu em seu próprio mundo. Seus empregos ou ocupações contribuem para essa meta, e cada lar é um alicerce perfeito sobre o qual poderá ser erguida uma Utopia.

Assim como diferentes países competem para se tornar a melhor nação do mundo, muitas civilizações de outros planetas espalhadas pelo universo estão se esforçando para progredir e competindo para fazer com que seu planeta brilhe mais que os outros.

Assim, a maior e mais louvável missão da raça humana na Terra é obter o maior avanço possível, com a maior harmonia. Para cumprir essa missão e realizar os ideais que Deus definiu para nós – criar a Utopia na Terra e ao mesmo tempo aprimorar ao máximo nossa individualidade –, espera-se que trabalhemos juntos enquanto almas dotadas de diferentes competências e personalidades. O cumprimento desse ideal de Utopia é a maior tarefa atribuída a cada um de nós.

No grande esquema de Deus, os planetas se esforçam eternamente para obter maior progresso e harmonia. Na Terra, a raça humana luta pelo mesmo objetivo, e para facilitar esse empreendimento foram atribuídos papéis especiais a determinados indivíduos. No mundo espiritual, existem vários domínios relacionados especificamente com esses papéis. Entre esses reinos está a nona dimensão, onde se encontram os salvadores e messias. Depois, temos na oitava dimensão o domínio dos Arcanjos e Grandes Espíritos Guia e, na sétima dimensão, o reino dos Anjos de Luz, que é a esfera dos Espíritos Guia. Os níveis superiores da sexta dimensão são a morada de espíritos especializados em determinados campos.

Os Arcanjos e os Anjos de Luz, conhecidos em termos budistas como *tathagatas* e *bodhisattvas*, chegaram gradualmente a essas posições após incontáveis reencarnações de bondade e serviço. Essas almas esforçaram-se constantemente para criar a Utopia, para trazer o Reino de Deus para a Terra. Em várias oportunidades, assumiram a responsabilidade da liderança e enfrentaram dificuldades e obstáculos inacreditáveis em prol da humanidade. No final, seus próprios esforços e realizações fizeram deles Arcanjos e Anjos de Luz.

Os Anjos de Luz são como diretores de filme ou regentes de orquestra sinfônica. Seu papel é dirigir os atores e atrizes e ajudá-los a expressar suas características únicas, mobilizar seus pontos fortes e harmonizar esses indivíduos para construir uma bela história.

Muitos, se não todos, Arcanjos e Anjos de Luz alcançaram seu status e sua posição após incontáveis encarnações na Terra. Assim, é razoável que as almas comuns possam aos poucos aumentar sua capacidade como líderes e mestres espirituais até se tornarem também Anjos de Luz ou Arcanjos. Para alcançar esse estágio de liderança, você precisa ter muitas realizações voltadas para a criação da Utopia na Terra. Se fizer esforços suficientes, sua maturidade e luz espiritual irão crescer; ao contrário, se negligenciar sua disciplina, a luz que oferece ao mundo irá aos poucos diminuir. E do mesmo modo que qualquer alma pode alcançar essa condição elevada, os Arcanjos e Anjos de Luz também podem perder seu status se falharem em oferecer orientação, liderança e nível de iluminação necessários. Todos recebem as mesmas oportunidades de progredir, e no mundo espiritual somos recompensados de maneira justa segundo nossos esforços. Esse é um princípio fundamental.

A prestação de contas que temos de apresentar sobre nossas ações, nosso progresso e nossa iluminação não depende apenas de nossa vida neste momento do tempo. Também somos chamados a prestar contas de nossas ações em vidas anteriores. Claro, nem todos nós conhecemos os detalhes de nossas vidas passadas – quem éramos, onde vivíamos ou o que conseguimos –, mas não são necessários relatos detalhados. Isso porque o que você é agora representa um acúmulo de todas as suas vidas passadas. Tudo o que você já foi está condensado em sua natureza atual. Se você quer mudar seu futuro, pode partir para um novo começo agora. Todos têm uma oportunidade igual. Você pode partir de qualquer lugar, e será recompensado de modo justo e imparcial de acordo com seu esforço. Ninguém pode lhe dizer nesta vida qual será o julgamento final da sua alma, mas cada um de nós deve estar preparado para aceitar o desfecho. A existência desse princípio imutável é uma grande bênção para a humanidade. Ele tem nos permitido empreender o treinamento da alma há bilhões de anos. O fato de a lei de Deus ser imparcial e justa faz com que valha a pena para nós continuarmos a nos esforçar.

O Princípio do Progresso – A Aquisição da Verdade e a Prática do Altruísmo

O objetivo central de toda a humanidade é almejar nada menos do que melhorar o grupo espiritual do planeta como um todo e criar uma grande harmonia na Terra. Como nossos objetivos são claros e nobres, não deverá ser muito difícil definir de que modo podemos alcançar nossa meta.

O método para criar a Utopia pode ser resumido em dois princípios: o do progresso e o da harmonia. Esses são os alicerces sobre os quais o Lar de Deus na Terra será construído.

O princípio do progresso é uma maneira de obter felicidade pessoal. Significa um aumento na quantidade de luz que cada alma individual emite, junto com uma melhora da condição espiritual da alma. É o mesmo processo que leva a obter iluminação. A meta fundamental desse princípio é que cada alma deve alcançar a iluminação e depois se aprimorar a partir dela. Quanto mais iluminação você alcança, maior a quantidade de luz espiritual que projeta no mundo. Como resultado, você se torna mais influente e recebe tarefas maiores e mais elevadas. Se você acha difícil acreditar nisso, pode fazer um teste. Esforce-se de todo o coração durante apenas um ano: a diferença será impressionante. E, depois que tiver experimentado, com certeza irá compreender melhor. Gostaria que você experimentasse essa mudança imensa que ocorre em seu interior ao despertar para a

Verdade. E conforme progredimos nisso, a luz espiritual que emitimos vai aumentando, até tocar cada um com quem entramos em contato.

Aqueles que brilham como o Sol e oferecem sua luz a um grande número de pessoas tornam-se Anjos de Luz e Espíritos Guia de Luz. Já aqueles que só pensam em pegar dos outros para si e só se preocupam consigo mesmos acabam tornando-se mensageiros da escuridão. É simples assim. Por isso é importante mudar de perspectiva. Pare de pensar em si mesmo e preste mais atenção às pessoas ao redor. Viva sua vida em benefício dos outros e aprimore-se pelo estudo das necessidades dos demais.

Existem dois requisitos mínimos para a iluminação. O primeiro é adquirir o conhecimento correto da Verdade. Você não pode dizer que alcançou a iluminação se não tiver uma compreensão clara e concisa da Verdade. Infelizmente, a experiência que uma pessoa ganha ao viver várias décadas na Terra não é suficiente para ser chamada de iluminação. Para poder abraçar a iluminação, você precisa estudar a fundo a sabedoria que a humanidade já acumulou. Não é algo que as pessoas consigam descobrir exclusivamente por conta própria. É preciso aprender a Verdade estabelecida partindo de uma atitude modesta. Essa disposição humilde de aprender os ensinamentos irá acelerar em várias décadas o seu progresso espiritual.

Com esse objetivo, a Happy Science oferece diversos seminários e programas de treinamento; cada pessoa deve adotar seu próprio ritmo e encarar esses programas como oportunidades para adquirir e aprofundar o conhecimento da Verdade.

Quando se obtém o que se chama de "despertar espiritual direto", a iluminação resultante não pode ser expressa em palavras. Algumas pessoas afirmam ter obtido a iluminação desse modo, mas se você não consegue perceber o sentido de sua existência, a missão da sua vida e o propósito de estar vivendo na época atual, não pode afirmar que alcançou a iluminação. Aqueles que fazem uma afirmação como essa dificilmente terão adquirido uma iluminação digna da época em que nasceram.

A iluminação que se obtinha há cem, quinhentos ou mil anos não pode ser a mesma de hoje. Você deve tentar alçançar a melhor iluminação possível para a época atual. Para isso, é essencial estudar humildemente a sabedoria acumulada pela humanidade, pois é importante ter uma base sólida para seus pensamentos e suas ações.

O segundo requisito para alcançar a iluminação é praticar a doação de amor. Aqueles que não tentam amar os outros, proteger os que estão à sua volta e não procuram ter compaixão por outros seres humanos não podem ser chamados de pessoas iluminadas. Infelizmente, muito pouca gente tem consciência disso. Com certeza você conhece muitas pessoas, no trabalho ou na sua comunidade. Que porcentagem delas você pode dizer que encontra satisfação em ter pensamentos altruístas e colocá-los em prática? Quantas demonstram ações espontâneas com as pessoas à sua volta e falam com elas de maneira honesta e com beneficência? Com certeza, há algumas pessoas que se comportam como se estivessem demonstrando amor pelos outros, mas são muito poucas as que estão de fato procurando maneiras de beneficiar os outros. Quantas pessoas você conhece cujo objetivo genuíno na vida é amar os outros?

    O desejo mais ardente de Deus é que você se torne uma pessoa assim – amorosa, atenciosa e compassiva. Para seguir a vontade e as leis de Deus, a única alternativa é se tornar uma pessoa desse tipo. Se o mundo inteiro ficar cheio de pessoas que realmente se importam com aqueles à sua volta, passará automaticamente a ser uma Utopia. Espero que você se junte a mim na missão de criar esse Paraíso na Terra.

    Para criar um mundo perfeito – a Utopia –, as nossas ferramentas são o conhecimento e o amor. Adquirir o conhecimento correto da Verdade e praticar a doação de amor são os requisitos mínimos para se alcançar a iluminação. O significado do Princípio do Progresso é fazer um esforço nessas duas áreas.

O Princípio da Harmonia – Tolerância e Perdão

Tolerância e perdão são fundamentais para o princípio da harmonia. A tolerância é particularmente importante em termos religiosos. Mas ser tolerante não significa aceitar ou aprovar o que está errado. Você precisa saber discriminar o certo do errado. Também é essencial esperar pacientemente que aqueles que seguem caminhos religiosos incorretos despertem para a Verdade. Dê-lhes tempo e continue a incentivá-los, sem ficar impaciente nem desistir. Esse é o verdadeiro sentido da tolerância.

Outro aspecto importante do princípio da harmonia é o perdão. Entender o perdão é acreditar na natureza boa de todas as pessoas. Perdoar significa acreditar e orar para que aqueles que acabam compreendendo seus erros encontrem uma saída por meio do arrependimento, iniciem uma nova vida e comecem a brilhar. A essência do perdão é aceitar que a natureza humana é basicamente boa e rezar para que a bondade dentro de todas as pessoas possa finalmente se manifestar.

Além disso, para compreender o verdadeiro sentido da tolerância e do perdão, você precisa experimentar tanto a autorreflexão quanto a oração. Quem não reflete a respeito de si mesmo nem oferece orações sinceras não conseguirá compreender a tolerância ou o perdão no seu sentido mais verdadeiro. Assim, além de estudar a Verdade do ponto de vista intelectual, você precisa aplicar a Verdade que aprendeu à sua vida diária. Ao mesmo tempo, deve refletir sobre si mesmo, para certificar-se de que está realmente praticando a Verdade em todas as ocasiões.

A oração também é importante. Em suas orações, mande bênçãos aos outros. Reze para que você consiga melhorar, a fim de poder ser útil à sociedade e fazer o melhor possível da sua vida, das suas capacidades e dos seus talentos em benefício de muitos, em vez de fazê-lo apenas em interesse próprio. Os métodos de se conectar diretamente com Deus, pela autorreflexão e pela oração, tornam-se uma força que impulsiona de modo ativo e sólido a tarefa de criar a Utopia.

Realizar a Utopia no nosso mundo material requer não apenas esforço humano, mas também o apoio de Espíritos Divinos no mundo espiritual. Tenha sempre em mente que manter conexão com eles também é um grande passo na estrada que leva à criação da Utopia.

Em resumo, por meio das virtudes da tolerância e do perdão, a criação da Utopia na Terra – com harmonia entre as pessoas que almejam o progresso – é o principal objetivo da Happy Science e de todas as pessoas que buscam a iluminação. Como ocorre em relação a cada esforço individual, você terá de usar as ferramentas da sabedoria e do amor. É importante reverenciar sempre os seres mais elevados do mundo espiritual, que têm poderes bem maiores que os nossos aqui na esfera material. Também é seu dever melhorar a si mesmo e com isso criar condições para receber o poder deles. É por isso que você precisa praticar a autorreflexão, a meditação e a oração.

Por meio da enigmática e maravilhosa experiência de se conectar com Deus e com os Espíritos Divinos, espero que você se junte a mim na tarefa de tornar a Utopia na Terra uma realidade.

Capítulo 6

A HORA DA
VERDADE

※

O mundo todo vive dentro de uma cultura extremamente materialista, que transformou a Terra num lugar muito confortável. Não pretendo rejeitar as comodidades mundanas e com certeza não defendo a volta a um estilo de vida primitivo. Mas há algo que nunca devemos esquecer em meio a tanto progresso e tecnologia: a fé. Em primeiro lugar e como prioridade, gostaria de criar um mundo que estivesse apoiado na espinha dorsal da fé.

Quando as pessoas perdem de vista a fé – um princípio fundamental que governa o universo –, quando ficam preocupadas com detalhes triviais, elas se confundem e começam a cometer erros. Podemos até relevar os erros cometidos por uma ou duas pessoas, mas quando milhões delas começam a falhar, as reações negativas que se criam são colossais. A fé precisa ser o nosso alicerce, caso contrário, centenas de milhões ou mesmo bilhões de pessoas irão seguir por um caminho equivocado.

Acredite na existência do Deus Primordial e no olhar compassivo de Deus. O universo com certeza não é desprovido de propósito ou de orientação. O universo é vasto. Ele se estende em direção ao infinito, um lugar de incontáveis estrelas brilhantes, que em relação ao tamanho do universo são apenas minúsculos pontos de luz. Existem seres vivos por todo o cosmos e um grande Criador olha para todos eles com compaixão.

Quando o universo foi criado, havia primeiro a Vontade. Assim como nenhum filho pode nascer se não tiver pais, não haveria universo se a Vontade não tivesse existido primeiro. Essa mesma Vontade desejou criar e educar os seres vivos que iriam evoluir aqui. Trata-se de uma Vontade similar a um pai, e que podemos chamar de Vontade do Deus Primordial, que lança um olhar para nós a partir de um lugar distante. Aos olhos de Deus, esse universo tridimensional nada mais é do que um pequeno ponto, mas os que vivem na Terra percebem o cosmos como vasto e ilimitado. Foi a Vontade que permitiu ao cosmos passar a existir, e sem ela o Big Bang (a Grande Explosão) nunca poderia ter se manifestado num sentido físico. É possível dar todo tipo de explicações para a reação química resultante, mas a verdade é que a Vontade existiu primeiro. Por fim, a Vontade criou também este mundo fenomênico no qual vivemos. Quando a Vontade se concentrava num ponto específico, ele se materializava em forma. É assim que todas as coisas no mundo material, tridimensional, foram criadas.

Acredite na existência de um Deus Primordial. Aceite que o Deus Primordial criou um vasto número de anjos e Espíritos Guia de Luz para transmitir a vontade de Deus. Acredite que Deus sempre guiou inúmeros seres, inclusive a humanidade. É isso o que você precisa saber e aceitar para não ficar desorientado e tomar um rumo equivocado.

Fé – Acreditar nas Leis de Deus

Não importa o grau de avanço da ciência e da tecnologia; há um ponto além do qual os seres humanos nunca conseguem ir. Nunca poderemos mudar os princípios sobre os quais se assenta o universo. Os seres humanos podem contribuir com as mais maravilhosas invenções e com novas ideias, mas nunca conseguiremos mudar os princípios de Deus, porque esses princípios vêm da Vontade Primordial.

Não me refiro apenas às leis físicas que governam o espaço tridimensional, mas também aos princípios que governam a vida humana. Segundo esses princípios, embora nós, humanos, existamos apenas numa forma física neste mundo, éramos originalmente habitantes de um mundo que está além de nossas limitações materiais. Originários desse lugar, nosso verdadeiro lar, viemos nascer na Terra, para passar por um aprimoramento espiritual. Isso vale não só para seres humanos, mas também para animais e plantas. No Céu há muitas flores, inclusive algumas que não existem mais na Terra, que cresceram e floresceram num passado distante. O Céu também contém animais que foram extintos do nosso mundo, mas que ainda vivem no outro. Porque esse outro mundo, o Céu, é o nosso verdadeiro lar. Esse é um princípio imutável. Isso pode ser incompreensível para você, se as bases da sua razão se assentam apenas neste mundo e você acredita que a ciência e a tecnologia são onipotentes. Talvez nunca tenha ouvido falar sobre isso na escola, mas o fato de não saber nada a esse respeito não significa que o outro mundo não exista. A verdade é que você vive num universo de estrutura dual. Mais ainda, o mundo material e o mundo espiritual não existem de forma independente um do outro. Eles se sobrepõem e se influenciam mutuamente.

Vivemos nesse vasto universo e passamos por uma longa e contínua série de reencarnações, para não nos fixarmos na percepção de tempo e distância com base numa perspectiva limitada a uma única vida, que dura apenas algumas décadas. Precisamos ampliar nossos horizontes e acreditar no Ser Primordial que criou o grande cosmos e também o mundo espiritual. Devemos ter fé e acreditar naqueles que trabalham para orientar as pessoas, como representantes de Deus na Terra. Esse tipo de fé precisa se tornar a verdadeira base da nossa vida.

A partir de agora, precisamos nos dedicar a difundir a Verdade pelo mundo afora. Isso é particularmente importante em países onde os valores materialistas predominam e em nações onde uma grande porcentagem da população desvaloriza o mundo espiritual e o conceito de fé. Vamos lutar contra essa ignorância. Mas não é lutar por lutar; é um combate em nome do amor. Além disso, é uma luta em prol da Verdade. Um grande número de pessoas vive uma vida falsa por desconhecer a Verdade. Como resultado, após a morte, elas terão de passar dezenas ou centenas de anos sofrendo no Inferno. Se elas conhecessem a Verdade logo no início da sua encarnação, cometeriam muito menos erros.

Amor – Tornar-se um Mensageiro de Deus

A melhor atitude para viver na presente era envolve, em primeiro lugar, ter fé, e em segundo, dar e expressar amor. Precisamos criar um mundo onde o amor esteja presente em toda parte. O grande ser que chamamos de Deus tem um coração cheio de amor e compaixão. Esse coração nutre e orienta as pessoas; portanto, como filhos de Deus, também devemos viver em amor e compaixão.

O fato triste é que há muitos que desejam amor, mas são poucos os que se dispõem a oferecê-lo. Essa é a natureza do mundo em que vivemos. Se as pessoas ajudassem umas às outras, com certeza viveriam felizes. No entanto, como existe tanta gente tentando tirar dos outros o tempo todo, a felicidade se afasta. As pessoas só serão capazes de encontrar a verdadeira felicidade se inverterem sua perspectiva e mudarem sua maneira de pensar.

Não se obtém o verdadeiro amor tomando-o dos outros; ele só é obtido ao dar amor. Precisamos dar amor a todos porque somos filhos de Deus, que personifica o amor e a compaixão. Portanto, viver a vida oferecendo amor é uma prova de que você é filho de Deus. Existem muitas filosofias relacionadas com o amor. Mas o ponto mais simples é o mais importante. Cobrar amor dos outros nada mais é do que se basear no apego, sobre o qual os ensinamentos budistas baseiam boa parte de seus ensinamentos. Assim, em vez de se queixar por receber tão pouco amor, pense se de fato você tem amado os outros na vida, e no quanto poderá amá-los no futuro. Isso se tornará a força propulsora para a criação de um mundo ideal.

Em vez de ficar pedindo o tempo todo que os outros façam coisas para você, pergunte a si mesmo o que pode fazer por eles. Não é difícil, e você encontrará todas as respostas que precisa no seu próprio coração. Viva a vida de uma maneira que você possa dar incondicionalmente. Seja como o Sol, que trabalha sem descanso e nunca pede um tostão em troca de todo o seu esforço. É desse modo que o Céu irá se manifestar na Terra.

Iluminação – Saber Quem Você É

A iluminação é outro conceito que precisa ser bem compreendido. A palavra "iluminação" tem conotações budistas, por isso você pode achar que se trata de uma concepção relevante apenas para uma determinada religião. Na realidade, é muito importante ter uma verdadeira compreensão da iluminação. Em termos simples, alcançar a iluminação significa despertar para o fato de que nós, seres humanos, somos mais do que apenas nosso corpo físico: temos uma alma e a mente, que se encontra no âmago da alma, é o centro de controle do corpo inteiro.

Algumas pessoas veem o budismo como uma forma de ateísmo ou de materialismo, ou como uma religião para a qual a alma e o espírito não existem. Mas tais pessoas não podem negar que o budismo reconhece a existência da mente. Outros argumentam que o budismo prega a ausência do ego, e que, se o ego não existe, então a alma também não. Mas mesmo esses críticos não podem afirmar que a mente não existe. A mente é, de fato, a essência da alma. Um dado essencial da nossa condição humana é a capacidade de alterar nossos pensamentos, de fazer escolhas e tomar decisões com base no nosso livre-arbítrio. Foi-nos dada liberdade pessoal, e podemos, portanto, decidir o que pensar. Muitas pessoas têm uma visão errada da alma, como algo sólido, tridimensional. O que nos compõe de fato são as ideias e os pensamentos, que vêm livremente até nós. E são eles que nos tornam o que somos e que continuam a existir após nossa morte, carregados por nós até o outro mundo.

Com efeito, quando voltamos para o outro mundo, podemos levar apenas nossa mente, a nossa coleção de pensamentos. Ali, a alma irá preservar sua forma humana pelo tempo em que suas memórias continuarem nítidas. Aos poucos, essas lembranças vão se dissolvendo e a alma perde sua semelhança com a forma humana.

Depois, a alma aparece só como pensamentos; apenas a vontade sobrevive. É por isso que vemos com tanta frequência ideias sublimes sobrevivendo por longos períodos de tempo após a morte de quem as concebeu. Os pensamentos daqueles que realizaram grandes feitos há centenas ou mesmo milhares de anos ainda estão presentes no mundo espiritual. Seus nobres feitos continuam a influenciar muitas pessoas na Terra até hoje.

Jesus Cristo, por exemplo, viveu 33 anos na Terra, uma vida relativamente curta, mas sua obra não terminou quando ele abandonou o corpo físico. Seu legado ainda está vivo e influencia as pessoas até hoje. O Buda Shakyamuni deixou este mundo há 2.500 anos. Talvez você imagine que as pessoas que viveram há tanto tempo não eram capazes de dizer algo de real valor, mas a mente compassiva e a iluminação ensinadas por Buda ainda são altamente valorizadas hoje em dia. Isso é um reflexo do mistério e da maravilha do mundo espiritual.

Nós, que vivemos na Terra, não somos feitos meramente de carne e osso. Somos seres espirituais, e nossa alma é a essência do nosso verdadeiro ser. Não estou me referindo aqui às almas que vivem num estado ilusório, mas à essência da alma humana. Se queremos alcançar a verdadeira felicidade e iluminação, temos de mudar a maneira como pensamos e encaramos a nós mesmos.

Reflita: que tipo de pensamentos você tem todos os dias? No que andou pensando no último ano ou nos últimos dez anos? O nível de seus pensamentos e da consciência que você conseguiu alcançar aqui na Terra irá determinar o seu nível no outro mundo, o reino ao qual irá retornar após a morte. Quando você faz um esforço e se disciplina na tentativa de chegar mais perto de Deus, sua mente é elevada e purificada, e o brilho dela aumenta. Se você conseguiu viver com o coração de um *bodhisattva* em sua estadia na Terra, após a morte sua alma irá para a sétima dimensão, o mundo dos *bodhisattvas*, e não para qualquer outro lugar. Você não precisa esperar que chegue a hora de sua morte para descobrir se está indo para o Céu ou para o Inferno. É possível saber para onde sua mente se destina enquanto você ainda está vivo.

Portanto, aumentar seu nível de iluminação é uma maneira de projetar um futuro melhor. Isso irá determinar o tipo de vida que você terá a partir de agora e irá despertá-lo para a sua verdadeira missão. É por isso que aumentar seu nível de iluminação tem uma importância tão crucial.

Igualmente, é vital colocar em prática o princípio da doação de amor e o princípio do autoaperfeiçoamento, que é o de se conhecer, descobrir sua verdadeira natureza e trabalhar para aprimorar seu eu verdadeiro e levá-lo à iluminação.

Utopia –
Trazer o Céu para a Terra

Precisamos transformar a Terra num mundo ideal – uma Utopia – usando as duas importantes ferramentas do amor e da iluminação. Essa Utopia não se concentra na aquisição de riqueza material. Não quero criticar as comodidades deste mundo nem negar a importância de comida, roupa, moradia ou qualquer outra necessidade da vida. As coisas deste mundo permitem que as pessoas abriguem sentimentos de felicidade. Mas não devemos confundir coisas de importância fundamental com coisas de importância secundária.

O aprimoramento espiritual é o propósito da sua vida na Terra e, portanto, tem uma importância suprema. As benesses da nossa civilização e as comodidades deste mundo servem apenas para facilitar nosso aperfeiçoamento espiritual. Nunca confunda o tema principal com o enredo secundário.

Não importa o tipo de sociedade ou o estilo de vida que as pessoas adotem, é importante construir uma sociedade que dê ênfase à mente, na qual as pessoas se esforcem para obter amor e iluminação. O tipo de mundo ideal que almejamos não é necessariamente um mundo visível aos olhos. A criação da Utopia neste mundo não deve supor que iremos ter edifícios, ruas, doutrinas políticas ou estilos de vida específicos. Essas são variáveis que podem mudar facilmente.

Enquanto estiver vivendo neste mundo transitório, você precisa ter consciência do que é eterno. Precisa saber que direção tomar e que tipo de elevação almejar. Depois deve trabalhar para fazer com que este mundo se pareça com os reinos dos *bodhisattvas* e *tathagatas*, o mundo dos anjos. É por isso que tantas pessoas se empenham em se aprimorar espiritualmente por tantos anos neste mundo, através dos ciclos de reencarnação. Esse é o grande plano de Deus.

Em comparação com o que aprendemos na escola e na sociedade, o que foi exposto aqui pode parecer absurdo. Mas quando você abandonar este mundo e voltar para o próximo, irá descobrir que estes ensinamentos são 100% verdadeiros. Talvez você questione: "Já que vamos descobrir isso após a morte, por que não deixamos simplesmente para depois?". Mas é melhor descobrir a Verdade na primeira oportunidade que tiver.

Quero ajudar as pessoas que vivem nesse mundo, para que não tenham de passar centenas de anos sofrendo nas trevas do Inferno após a morte. Algumas maneiras de viver certamente são incorretas, por isso é preciso orientar os outros se eles estiverem cometendo erros e ajudá-los a viver da maneira correta. É isso o que os anjos no Céu fazem; é esse o seu trabalho. Mas também é parte da nossa missão fazer o que for possível aqui na Terra. Em vez de deixar que as pessoas sofram após a morte, é nosso dever transmitir o que sabemos enquanto elas ainda estão vivas neste mundo.

A força propulsora exigida para criar um mundo ideal na Terra vem da decisão de transmitir a Verdade aos outros. Fazer isso é um ato de amor. Se mais e mais pessoas acreditarem, chegará uma hora em que o poder da nossa fé alcançará um nível no qual todos aceitarão nossas crenças como a Verdade. Para acelerar a chegada desse dia, espero que este livro alcance o maior número possível de pessoas e se torne um guia para aqueles que ainda não despertaram para o seu pleno potencial. Rezo para que todos os que o leem carreguem suas lições no coração e comecem a viver a Verdade como filhos de Deus.

SOBRE O AUTOR

O mestre Ryuho Okawa começou a receber mensagens de grandes personalidades da história – Jesus, Buda e outras criaturas celestiais – em 1981. Esses seres sagrados vieram com mensagens apaixonadas e urgentes, rogando para que ele entregasse às pessoas na Terra a sabedoria divina deles. Assim se revelou o chamado para que ele se tornasse um líder espiritual e inspirasse pessoas no mundo todo com as Verdades espirituais sobre a origem da humanidade e sobre a alma, por tanto tempo ocultas. Esses diálogos desvendaram os mistérios do Céu e do Inferno e se tornaram a base sobre a qual o mestre Okawa construiu sua filosofia espiritual.

À medida que sua consciência espiritual se aprofundou, ele compreendeu que essa sabedoria continha o poder de ajudar a humanidade a superar conflitos religiosos e culturais e conduzi-la a uma era de paz e harmonia na Terra. Pouco antes de completar 30 anos, o mestre Okawa deixou de lado uma promissora carreira de negócios para se dedicar totalmente à publicação das mensagens que recebe do Céu. Desde então, até abril de 2011, ele já lançou mais de 700 livros, tornando-se um autor de grande sucesso no Japão. A universalidade da sabedoria que ele compartilha, a profundidade de sua filosofia religiosa e espiritual e a clareza e compaixão de suas mensagens continuam a atrair milhões de leitores. Além de seu trabalho contínuo como escritor, o mestre Okawa dá aulas e palestras públicas pelo mundo todo.

SOBRE A HAPPY SCIENCE

Em 1986, o mestre Ryuho Okawa fundou a Happy Science, um movimento espiritual empenhado em levar mais felicidade à humanidade pela superação de barreiras raciais, religiosas e culturais, e pelo trabalho rumo ao ideal de um mundo unido em paz e harmonia. Apoiada por seguidores que vivem de acordo com as palavras de iluminada sabedoria do mestre Okawa, a Happy Science tem crescido rapidamente desde sua fundação no Japão e hoje conta com mais de 12 milhões de membros em todo o globo, com Templos locais em Nova York, Los Angeles, São Francisco, Tóquio, Londres, Paris, Düsseldorf, Sydney, São Paulo e Seul, dentre as principais cidades. Semanalmente o mestre Okawa fala nos Templos locais da Happy Science e viaja pelo mundo dando palestras abertas ao público.

A Happy Science possui vários programas e serviços de apoio às comunidades locais e pessoas necessitadas, como programas educacionais pré e pós-escolares para jovens e serviços para idosos e pessoas portadoras de deficiências. Os membros também participam de atividades sociais e beneficentes, que no passado incluíram ajuda humanitária às vítimas de terremotos na China e no Japão, levantamento de fundos para uma escola na Índia e doação de mosquiteiros para hospitais em Uganda.

Programas e Eventos
Os templos locais da Happy Science oferecem regularmente eventos, programas e seminários. Junte-se às nossas sessões de meditação, assista às nossas videopalestras, participe dos grupos de estudo, seminários e eventos literários. Nossos programas ajudarão você a:
- Aprofundar sua compreensão do propósito e significado da vida
- Melhorar seus relacionamentos conforme você aprende a amar incondicionalmente
- Aprender a tranquilizar a mente mesmo em dias estressantes, pela prática da contemplação e da meditação
- Aprender a superar os desafios da vida e muito mais.

Seminários Internacionais
Anualmente, amigos do mundo todo comparecem aos nossos seminários internacionais, que ocorrem em nossos templos no Japão. Todo ano são oferecidos programas diferentes sobre diversos tópicos, entre eles como melhorar

relacionamentos praticando os Oito Caminhos Corretos para a iluminação e como amar a si mesmo.

Revista Happy Science

Leia os ensinamentos do mestre Okawa na revista mensal *Happy Science*, que também traz experiências de vida de membros do mundo todo, informações sobre vídeos da Happy Science, resenhas de livros etc. A revista está disponível em inglês, português, espanhol, francês, alemão, chinês, coreano e outras línguas. Edições anteriores podem ser adquiridas por encomenda. Assinaturas podem ser feitas no templo da Happy Science mais perto de você.

Contatos

Templos da Happy Science no Brasil
Para entrar em contato, visite o website da Happy Science no Brasil: http://www.happyscience-br.org/

TEMPLO MATRIZ DE SÃO PAULO
Rua Domingos de Morais, 1154, Vila Mariana, São Paulo, SP, CEP 04010-100, Tel: (11) 5088-3806   Fax: (11) 5088-3800
E-mail: sp@happy-science.org

TEMPLOS LOCAIS

SÃO PAULO
Região Sul: Rua Domingos de Morais, 1154, 2º andar, Vila Mariana, São Paulo, SP, CEP 04010-100
Tel: (11) 5574-0054   Fax: (11) 5574-8164
E-mail: sp_sul@happy-science.org

Região Leste: Rua Fernão Tavares, 124, Tatuapé, São Paulo, SP, CEP 03306-030. Tel: (11) 2295-8500   Fax: (11) 2295-8505
E-mail: sp_leste@happy-science.org

Região Oeste: Rua Grauçá, 77, Vila Sônia, São Paulo, SP, CEP 05626-020. Tel: (11) 3061-5400
E-mail: sp_oeste@happy-science.org

Região Norte: Rua Manuel Taveira, 72, Parada Inglesa, São Paulo, SP, CEP02245-050. Tel: (11) 2939-7443
E-mail: sp_norte@happy-science.org

JUNDIAÍ
Rua Congo, 447, Jd. Bonfiglioli,
Jundiaí, SP, CEP 13207-340
Tel: (11) 4587-5952
E-mail: jundiai@happy-science.org

SOROCABA
Rua Dr. Álvaro Soares, 195, sala 3, Centro,
Sorocaba, SP, CEP 18010-190
Tel: (15) 3232-1510
E-mail: sorocaba@happy-science.org

SANTOS
Rua Itororó, 29, Centro, Santos, SP, CEP 11010-070
Tel: (13) 3219-3150
E-mail: santos@happy-science.org

Templos da Happy Science pelo Mundo

A Happy Science é uma organização com vários templos distribuídos pelo mundo. Para obter uma lista completa, visite o site internacional (em inglês):
www.happyscience.org.

Localização de alguns dos muitos templos da Happy Science no exterior:

JAPÃO
Departamento Internacional
6F 1-6-7, Togoshi, Shinagawa, Tokyo, 142-0041, Japan
Tel: (03) 6384-5770   Fax: (03) 6384-5776

E-mail: tokyo@happy-science.org
Website: www.happy-science.jp

ESTADOS UNIDOS
Nova York
79 Franklin Street, New York, NY 10013
Tel: 1- 212-343-7972   Fax: 1-212-343-7973
E-mail: ny@happy-science.org
Website: www.happyscience-ny.org

Los Angeles
1590 E. Del Mar Boulevard, Pasadena, CA 91106
Tel: 1-626-395-7775   Fax: 1-626-395-7776
E-mail: la@happy-science.org
Website: www.happyscience-la.org

São Francisco
525 Clinton Street, Redwood City, CA 94062
Tel/Fax: 1-650-363-2777
E-mail: sf@happy-science.org
Website: www.happyscience-sf.org

Havaí
1221 Kapiolani Blvd, Suite 920, Honolulu
HI 96814, USA
Tel: 1-808-537-2777
E-mail: hawaii-shoja@happy-science.org
Website: www.happyscience-hi.org

AMÉRICAS CENTRAL E DO SUL

MÉXICO
E-mail: mexico@happy-science.org
Website: www.happyscience.jp/sp

PERU
Av. Angamos Oeste, 354, Miraflores, Lima, Perú
Tel: 51-1-9872-2600
E-mail: peru@happy-science.org
Website: www.happyscience.jp/sp

EUROPA

INGLATERRA
3 Margaret Street, London W1W 8RE, UK
Tel: 44-20-7323-9255   Fax: 44-20-7323-9344
E-mail: eu@happy-science.org
Website: www.happyscience-eu.org

ALEMANHA
Klosterstr.112, 40211 Düsseldorf, Germany
Tel: 49-211-9365-2470   Fax: 49-211-9365-2471
E-mail: germany@happy-science.org

FRANÇA
56 Rue Fondary 75015, Paris, France
Tel: 33-9-5040-1110   Fax: 33-9-5540-1110
E-mail: france@happy-science-fr.org
Website: www.happyscience-fr.org

Outros Livros de Ryuho Okawa

O Caminho da Felicidade:
Torne-se um Anjo na Terra

As Leis do Sol: O Caminho Rumo a El Cantare
Ensinamentos do Buda para a Nova Era

As Leis Douradas:
O Caminho para um Despertar Espiritual

As Leis da Eternidade:
Desvendando os Segredos do Mundo Espiritual

As Leis da Felicidade:
Os Quatro Princípios Que Trazem a Felicidade

Renascimento de Buda:
Uma Mensagem aos Discípulos de Vínculos Passados

O Ponto de Partida da Felicidade: Um Guia Prático e Intuitivo para a Descoberta do Amor, da Sabedoria e da Fé

Pensamento Vencedor:
Estratégias para Transformar o Fracasso em Sucesso

Mensagens de Jesus Cristo:
A Ressurreição do Amor

Mensagens Celestiais de Masaharu Taniguchi:
Mensagem ao Povo da Terra

As Chaves da Felicidade:
10 Princípios para Manifestar a Sua Natureza Divina

Curando a Si Mesmo:
A Verdadeira Relação entre o Corpo e o Espírito